KB194448

백운산 정기 품은

옥룡이 나르샤

백운산 정기 품은
옥룡이 나르샤

발행일	2024년 10월 20일		
지은이	광양문화연구회		
펴낸이	손형국		
펴낸곳	(주)북랩		
편집인	선일영	편집	김은수, 배진용, 김현아, 김다빈, 김부경
디자인	이현수, 김민하, 임진형, 안유경	제작	박기성, 구성우, 이창영, 배상진
마케팅	김회란, 박진관		
출판등록	2004. 12. 1(제2012-000051호)		
주소	서울특별시 금천구 가산디지털 1로 168, 우림라이온스밸리 B동 B111호, B113~115호		
홈페이지	www.book.co.kr		
전화번호	(02)2026-5777	팩스	(02)3159-9637
ISBN	979-11-7224-322-7 03910 (종이책)		979-11-7224-323-4 05910 (전자책)

(주)북랩 성공출판의 파트너

북랩 홈페이지와 패밀리 사이트에서 다양한 출판 솔루션을 만나 보세요!

홈페이지 book.co.kr   •   **블로그** blog.naver.com/essaybook   •   **출판문의** text@book.co.kr

---

작가 연락처 문의 ▸ ask.book.co.kr

작가 연락처는 개인정보이므로 북랩에서 알려드릴 수 없습니다.

이 책은 전라남도, (재)전라남도문화재단의 후원을 받아 발간(제작)되었습니다.   문화재단

역사와 전통이 빚어낸 아름다운 공동체, 옥룡면 인문 기행

백운산 정기 품은
옥룡이 나르샤

광양문화연구회 저

북랩

옥룡면 지도 ————————————————————————————

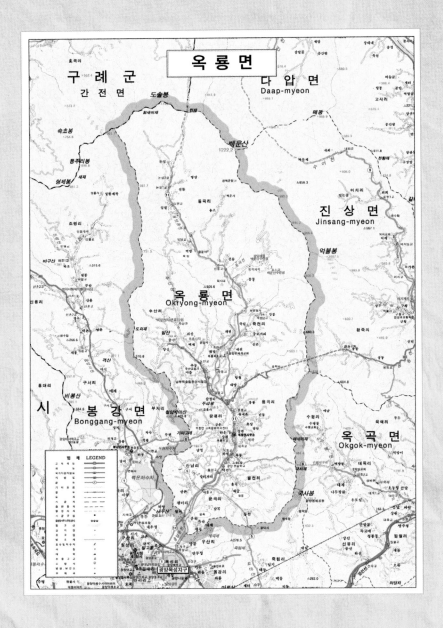

〈광양문화연구회〉는 광양의 역사와 문화를 연구하는 사람들의 모임이다. 들고나는 사람이 있었지만 회원은 열 명 남짓이다. 만들어진지 어언 15년이 넘었다. 그동안 광양의 문화, 역사, 교육, 과학, 예술 등에서 일하는 사람 54명을 인터뷰한 글을 매주 '광양신문'에 싣고 그걸 책으로 엮어 『광양, 사람의 향기』를 펴냈다. 2017년의 일이다.

2020년에는 중마도서관에서 기획한 〈길 위의 인문학〉 우리 동네 자료 개발 사업에 참여하였다. 광양을 크게 세 권역(광양읍권, 중마권, 태인권)으로 나누고 그곳의 역사와 인문, 터 잡고 살아가는 사람들의 삶을 취재하여 보고서로 작성하였다. 그중 금호동 이야기를 백숙아, 민점기, 박발진 회원이 다시 쓰고 엮어서 2023년에 『광양의 보물섬, 금호도 인문기행』을 펴냈다.

이와는 별도로 한 지역을 다각도로 취재하기로 뜻을 모았다. 첫 번째로 정한 곳이 백운산을 품은 옥룡면이다. 옥룡면은 산남리, 운평리, 추산리, 동곡리, 죽천리, 용곡리, 율천리, 운곡리의 여덟 개의 행정리에 26개의 마을이 있다. 회원 여덟 명이 세 개에서 네 개 마을을 취재하여 2023년에 '광양시민신문'에 연재하였다. 이번에 그 내용을 묶어 책으로 펴낸다.

마을을 취재하는 건 쉬운 일이 아니었다. 내세울 만한 공식적인 직함이 있는 것도 아니고, 단체에서 교통비나 취재비를 지원받는 건 더욱 아니었다. 어르신들이 모인 마을 회관을 찾으면서 빈손으로 갈 수도 없었다. 결국 약속 잡을 때부터 아쉬운 소리 해가며, 적잖은 시간과 비용이 발생하는 쉽지 않은 일이었다. 그렇게 모은 자료를 바탕으로 『광양시지』를 펼쳐 두고 끙끙대면서 원고지 20매를 채워야 했다. 그 고단한 일을 함께한 회원 여러분께 고마움을 전한다.

올해는 진월면을 같은 방식으로 취재하고 있다. 어렵지만 묵묵히 이 일을 해내는 건 우리가 하는 이 작은 일이 시간이 지나고 나면 또 다른 역사가 되리라는 믿음 때문이다.

마음의 고향, 농촌은 우리의 미래이기도 하다. 식량 주권이 그나마 유지되는 건 그곳을 지키는 어르신들 때문이다. 그분들 가시고 나면 누가 지키나? 취재하는 내내 마음이 무거웠다. 부디 마을공동체가 훼손되지 않기를, 조금 더 오래 어르신들이 버티기를 간절히 바란다.

2024년 10월
광양문화연구회장 양선례

차 례

1부

옥룡은 전라남도에서 지리산 노고단 다음으로 높은 백운산(해발 고
도 1,222m)의 주 능선 아래 위치한 고을이다. 그만큼 유서 깊고 많은
이야기를 품고 있다.

그뿐만 아니라 광양에서는 하늘 아래 첫 동네이기도 하다. 옥룡의
아름다운 사람살이 속으로 들어가 보자.

'옥룡'이라는 지명의 유래를 아시나요?

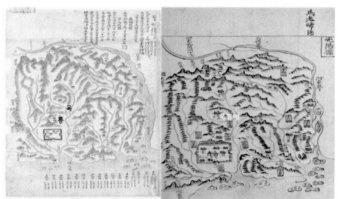

좌) 해동지도[海東地圖. 18세기(영조, 1724-1776)]; 右)여지도[輿地圖. 18세기(정조11년, 1789년 어

좌) 해동지도, 우) 여지도

옥룡이라는 이름은 18세기(1757~1765), 각 읍지를 모아 편찬한 전국 지방지인 『여지도서(輿地図書)』 하권 〈광양현〉 편에서 처음 나타난다. 옥룡을 '면' 단위 명칭으로 쓰게 된 것은 1618년 조선 초기부터이다. '옥룡(玉龍)'이라는 이름은 우리나라 풍수지리 대가로 알려진 선승(仙僧) 도선국사(道詵国師, 827~898)가 주지로 있으면서(37세에 들어와 72세에 입적할 때까지) 수도하고 제자를 길렀던 옥룡사(玉龍寺)의 이름을 따서 부르게 된 것으로 보인다.

옥룡사는 광양에 있는 통일신라시대의 고찰이다. 도선국사는 왕건의 고려 개국을 천문과 지리 사상으로 도왔던 인물이다. 그는 15세에 출가하여 20세에 태안사에서 선 수업, 23세에 구례 천도사에서 구족계를 받았다. 그 후 15년간 전국의 산천을 떠돌다가 37세에 옥룡사에 이르러 35년간 주석한 후 입적하였다. 옥룡사는 풍수적으로 청룡, 백호, 주산, 안산이 잘 갖추어진 명당을 형성하고 있는 곳이다(민병삼, 2015).

도선국사가 864년(37세) 옥룡사에 이르렀을 때 이미 옛 사찰이 있었다는 기록으로 보아 옥룡사는 늦어도 9세기 초반에 창건되었던 것으로 보인다. 그러나 발굴 조사 결과 탑비전지 최하층에서 8세기 전반기까지 추정되는 와편이 다수 출토되어 옥룡사 창건 시기는 지금까지 파악하고 있었던 것보다 1세기가 앞선 8세기 전반기로 추정된다(최인선, 1997). 이러한 점으로 미루어 볼 때 한반도에 풍수 사상이 전파된 것은 그 이전임을 짐작할 수 있다.

풍수지리에 밝았던 도선국사가 옥룡사에 머물게 된 것은 『금랑경(錦囊経)』과 연계하여 살필 수 있다. 『금랑경(錦囊経)』에서는 "목화토금수 다섯 가지의 기가 땅속을 운행하다 발생하면 만물이 생겨난다."고 했다. 풍수에서 오기(五気)의 운행은 산세가 움직이는 것이고, 오기가 모이면 산세가 멈춘다고 본다. 장사는 기가 일어나는 산봉우리를 근원으로 하여 산세가 멈춘 곳에 지내야 한다(곽박, 금랑경랑경: 五気行於地中, 発而生乎万物, 其行也). 도선은 자신이 입적할 때까지 기거할 곳으로 오기(五気)가 운행되는 옥룡사를 꼽았을 것으로 여겨진다. 도선국사가 수도(修道)할 장소로 뽑았을 정도로 좋은 기운이 서린 고을이 바로 옥룡인 셈이다.

광양 시민의 요람! 백운산

백운산 정상

옥룡을 이야기하면서 백운산을 빼놓을 수는 없다. 옥룡면은 전라남도 광양시 중서부에 있는 면 단위 지역이다. 소백산맥의 지맥인 백운산은 광양 시민의 휴식 공간이자 우리나라 자연생태를 연구하는 요람이다. 한국의 100대 명산으로 그 높이가 1,222m에 달하며, 광양시 4개(봉강, 옥룡, 진상, 다압)의 면과 구례군 간전면의 경계지에 있다. 정상에 오르면 지리산 주능선과 남해안 한려수도, 그리고 광양만의 환상적인 조망이 한 눈에 들어온다.

백운산은 한라산 다음으로 식물분포가 다양하고 보존이 잘 되어 있다. 자연생태계 보전지역으로 지정되어 있으며, 현재 980여 종의 식물이 자생하고 있다. 특히 단풍나무과에 속하는 고로쇠나무 수액은 광양 백운산 일대의 특산물이자 관광 상품으로 인기가 높다. 또한 백운산 4대 계곡, 백운산 휴양림, 백운산 등산로, 백운사와 상백운암 등 천혜의 자연환경을 품고 있다.

특히 백운산에는 봉황, 여우, 돼지의 세 가지 신령스러운 기운이 있다고 전한다. 학식과 덕망을 상징하는 봉황의 정기는 조선시대 대학자로서 왕실 비서관을 지낸 신재 최산두 선생이 받았다고 한다. 지혜의 상징인 여우의 정기는 초암 마을 월애 부인이 받았다. 고려시대에 몽골에 공녀로 간 그녀는 뛰어난 지혜와 미모로 몽골국의 왕비가 되어 고향 나라 고려를 많이 도왔다고 한다. 부를 상징하는 돼지의 정기를 받은 사람은 아직 나오지 않았는데, 앞으로 광양에서 돼지의 정기를 받아 세계적인 부자가 나올 것으로 기대하고 있다.

이러한 명산이 광양을 감싸고 있으며 그 주 능선 아래 옥룡이 자리하고 있다.

용이 기지개 켜듯 백운산을 향한 옥룡!

옥룡면 전경

옥룡 고을의 형세는 거대한 용이 백운산을 향하여 기지개를 켜는 모습을 연상케 한다. 옥룡 지명에 쓰인 용은 상상의 동물로 신화나 전설의 중요한 소재로 등장한다. 신라가 삼국통일을 이끈 이후에도 용은 호국신앙의 대상으로 떠올랐을 뿐만 아니라, 왕권과 호국을 기원하는 데 이용되었다. 백운산 줄기인 따리봉과 도솔봉이 둘러싸고 있어 아늑하고 정겨우면서도 우렁찬 기백이 느껴진다. 사시사철 동천이 면 중앙을 가로질러 남으로 흐르며 백운산 기운이 전해지는 산지를 이루고 있다. 동천과 그 지류 연안을 따라 평야가 분포하고 있어 쌀·보리·오이 등 각종 농산물이 생산된다.

옥룡(玉龍)을 사전적 의미의 한자로 풀어보면, 옥으로 만든 용의 모양이자 눈이 쌓인 나뭇가지를 비유적으로 이르는 말이다(다음 백과). 좋은 땅은 좋은 기(氣)가 서리는 곳이라고 한다. 이 기(氣)라는 것이 땅속을 운행하다 밖으로 드러나면 산이 된다. 그래서 옛 선인들이 산천의 형상은 모두 기(気)로 이루어진다는 점을 강조하였고 이것이 바로 풍수지리의 논리이다. 사람이 그 형상을 볼 수는 없으나 드러난 산천의 형상과 느낌을 통해서 유추하는 것이 바로 기(気)라고 할 수 있다.

옥룡은 광양시 지명 중에 유일하게 '용(龍)'이라는 글자가 고을 이름에 사용되었다. 『광양시지』 4권 제3장에서는 옥룡면을 소개하면서 '융성하는 고을! 날로 번영하는 고을!'이라는 말로 옥룡을 마무리하고 있다. 이 말에 걸맞게 백운산 정기를 품은 옥룡이 힘차게 날아오르기를 기원하면서 마을의 개략적인 현황을 살펴보고자 한다.

옥룡면 마을 분포와 세대 현황(2023년)

옥룡면은 행정리 8개에 26개 마을로, 원주민과 귀촌한 가정들이 각각의 색깔로 삶의 터전을 이루며 살고 있다. 총 가구 수는 1,703세대이다. 광양문화연구회 회원들은 1년 동안 한 곳도 빠뜨리지 않고 마을들이 갖고 있는 다양한 이야기를 풀어내려고 노력했다. 마을 회관을 찾아가 어르신을 만나 지나온 삶의 역사를 들었다. 마을 앞에 흐르는 물줄기나 길가에 피어난 꽃 한 송이까지 그냥 지나치지 않고 이야기를 나누었다. 옥룡이라는 마을이 갖고 있는 아름다운 이야기가 한 권의 책으로 세상에 나오는 날을 꿈꾸면서.

현대적 의미로 옥룡을 생각하면 옥토(沃土), 선인(善人), 백운산(白雲山), 광양의 4대 계곡 중 하나인 옥룡 계곡을 떠올릴 수 있다. 그중 옥룡면 동곡리 계곡 언덕배기에는 학사대(學士臺)라는 정자가 우아한 자태로 서 있다. 조선시대 광양 최고의 학자이자 문인으로 활약했던

신재 최산두(新齋 崔山斗, 1483~1536년)가 소년 시절에 공부했다는 바위
굴 위에 세워진 정자이다.

행정리(8)	마을 명	세대 수
산남리	산본	87
	남정	70
운평리	상운	58
	하운	42
	상평	82
	하평	21
추산리	추동	100
	양산	69
	외산	56
동곡리	동동	73
	답곡	134
	선동	42
죽천리	죽림	91
	내천	82
	개현	43
	항월	33
용곡리	대방	97
	흥룡	49
	초암	78
	석곡	57
	옥동	68
율천리	율곡	57
	덕천	64
	재동	65
운곡리	갈곡	36
	은죽	49
계	26	1,703

조선 중기 '호남삼걸(湖南三傑)'로 일컬어졌던 신재 최산두

신재 최산두(崔山斗)는 1482년(성종 14년) 4월 10일 전남 광양시 봉강면 부저리(현재 광양군 봉강면 부저리 저곡마을)에서 태어났다. 어머니가 그를 낳을 때 북두칠성의 광채가 백운산에 내렸다고 하여 백운산의 '산(山)'과 북두칠성의 '두(斗)'를 합하여 '산두'라고 이름을 지었다고 한다.[1]

그는 6세 때부터 서당에 다니기 시작하였으며, 여덟 살 때 시를 지었을 만큼 시문에 뛰어난 재주를 보였다. 그 재주

신재 최산두 선생 초상화

에 반한 서당 훈장 서극수가 최산두를 사위로 삼았을 정도였다. 14세에 혼인한 후, 15세 되던 해에는 『자치통감강목(資治通鑑綱目)』 80권을 안고 석굴에 들어가 2년 동안 천 번이나 통독하였다고 한다. 이 시기는 최산두의 학문적 기틀을 잡는 데 중요한 시기이다. 이때 순천 북문으로 유배 온 김굉필을 만나 수학하였기 때문이다.

19세 때에 상경하여 조광조(趙光祖), 한충(韓忠), 김구(金絿), 김안국(金安国), 김정국(金正国) 등과 더불어 도의지교(道義之交)를 맺었다. 생면부지(生面不知)의 선비들과 인연을 맺게 된 건 스승의 권유가 있었던 것으로 여겨진다. 22세 때에는 〈강목부〉, 〈백량대시〉를 지어 진사

---

1) 초계최씨대동보편찬위원회, 『新齋集』, 낭주인쇄소, 1989, 17쪽.

시에서 장원하였다. 이는 문장가로도 그의 이름을 떨치게 한 계기가 되었다. 이후 다양한 관직을 역임하였으며, 36세 때에는 중종으로부터 '일인유경보명유신(一人有慶寶命維新)'이라고 새겨진 옥홀(玉笏)을 하사받았다.

37세 되던 해(1519년)에 최산두의 인생은 대전환기를 맞는다. 기묘사화에 연루되어 관직에서 삭탈되고 전남 화순으로 유배된다. 이후 그는 51세(1533년) 때까지 화순 동복에서 14년 동안 유배 생활을 하였다. 그때 얻은 병으로 유배에서 풀려난 후 3년 뒤인 54세에 세상을 등지고 말았다. 광양시 신재로 110번지에는 봉양사, 화순군 동복면 연월리 산 915번지에 도원서원(道源書院)이 세워져 배향되고 있다.

광양에 자리한 신재 최산두의 유적지 학사대(學士臺)

학사대(學士臺)[2]는 광양시 옥룡면 동동 마을 측면, 옥룡 계곡 언덕 빼기에 자리하고 있다. 정자 바로 아래 위치한 암굴에는 한두 사람이 들어갈 수 있는 공간이 있다. 실제로 필자(백숙아)가 그곳에 들어가 앉아서 당시를 회상해 보았다. 암굴 천정은 머리가 닿지 않을 정도로 높았다. 성인이 고개만 숙이면 암굴에서 옮겨 다닐 수 있을 정도의 높이였다. 지금은 물이 말랐지만 당시에는 식수 해결이 가능했다고 한다. 설사 암굴에서 물을 얻지 못하더라도 바로 아래에 옥룡천이 흐

---

2) 학사대(學士臺)에 대한 글은 『光陽市誌』와 졸고(신재 최산두의 시세계, 『한국시가문화연구』 18호, 2006년, 207~235쪽)의 내용을 인용함.

르고 있으니 물 걱정은
없는 장소이다.

학사대

학사대는 정면 1칸, 측
면 한 칸 규모이며, 콘크
리트로 바닥을 다져 세
워졌다. 정자 바로 옆 암
벽에 새겨진 '학사대(學
士臺)'라는 글씨는 최산두의 자필이라고 전해온다. 학사대는 문화해설
사가 상주할 만한 여건이 되지 않지만, 필요할 때 요청하면 안내를 받
을 수 있다. 현재도 인문학자나 고전문학 또는 문화 관련 연구자들이
찾아오는 빈도수가 상당하다. 백운산이 감싸주고 있어 주변 경관이
수려하다. 그리고 바로 건너 추산 마을에는 윤선도가 유배 생활을
했던 장소가 있다.

윤선도의 유배지가 학사대 근처 옥룡 고을이니 둘을 묶어 관광 콘
텐츠로 만들어 낸다면 광양의 인문학적 가치를 한층 배가시킬 수 있
다. 그 이유는 윤선도의 증조부인 귤정 윤구, 미암 유희춘의 형인 유
성춘은 최산두와 더불어 당시 호남 3걸로 이름을 떨쳤기 때문이다.
이러한 역사적 사실은 광양을 찾는 관광객과 청소년, 그리고 지역민
의 문화 교육 등 다양한 영역에서 활용도를 높일 수 있는 문화적 자
원이다.

봉양사(鳳陽祠)

봉양사 전경

봉양사는 전남 광양시 광양읍 신재로 110번지에 자리하고 있다. 선조 11년(1578)에 당시 광양현감인 정숙남(鄭淑南)에 의해 세워졌다. 당시 사우 위치는 광양향교 바로 옆이었다. 여러 차례 복건, 중수 과정을 거쳐오다가 1977년 현 위치에 복설이건(復設移建)되었다. 2002~2004년에 걸쳐 대대적인 정비사업이 이루어졌다.[3] 조선시대 광양 최고의 학자이자 문인으로 명성이 높은 신재 최산두와 광양 현감을 지낸 박세후(1494~1550)의 위패를 모신 곳이다. 입구에 신재 최산두의 유허비가 세워져 있다. 2005년 1월 27일 전라남도 기념물 제225호로 지정·보존되고 있다.

봉양사 맞은편에는 광양향교와 광양교육지원청이 자리하고 있다. 관광객이나 학생들의 문화 탐방 단골 코스로 꼽히는 장소이다. 광양읍에서 옥룡면으로 들어가는 초입에 자리하고 있으므로 최산두 유적지를 탐방하면서 들러 가기에 안성맞춤이라고 할 수 있다. 화순, 승주, 그리고 광양에 있는 최산두 문화콘텐츠를 하나로 묶어 관광·지역 문화유적의 교육 자료로 활용한다면 훌륭한 문화자원이 될 것이다.

최산두와 같은 시기에 활약했던 조선 문인들의 작품과 그것의 문

---

3) 광양시지편찬위원회, 『광양시지(光陽市誌)』 4권, 도서출판 홍익기획, 2005, 36쪽.

학적 가치를 성공적으로 특화하여 관광특구로 거듭난 지역이 있다. 경남은 하동, 전남 지역은 담양을 꼽을 수 있다. 담양은 정자 문화와 많은 문인들이 응집하여 활동하였다는 장점을 활용하였다. 이런 사례들을 참고하여 광양 지역의 문인(고대부터 현대까지)들을 기리고 그들의 문학성을 알리기 위한 문학관이 설립되어서 다른 지역에 버금가는 인문학 도시로 거듭날 수 있기를 바란다. 또한 그 마중물 역할을 우리 광양문화연구회가 함께할 수 있기를 기대한다.

글·사진 백숙아

선각국사 도선의 인간미

    도선은 48세 때인 875년 개성에서 고려 태조 왕건의 출생을 아버지 왕륭에게 예언하고 집의 방향을 고쳐 주었다. 이후 50대 중반인 880년경엔 신라 헌강왕의 초대로 경주에 갔으나 왕궁에 잠깐 머물다가 옥룡사로 돌아온다. 신라의 낡은 질서가 흔들리고 새로운 물결은 아직 감감할 때다. 이때 도선은 낡은 권력에 안주하지 않고 미리 새로운

천 년, 새로운 미래를 내다본 것이다. 이처럼 끝나기 전에 끝날 줄 알았고 오기 전에 올 것을 알았던 선지식 도선은 많은 일화와 재미난 이야기를 몰고 다닌다. 그중에는 탄생 설화와 함께 나이 든 어머니를 모신 인간미 넘치는 이야기도 있다.

도선국사 진영(영암 도갑사 소장)

처녀가 오이를 먹고 아기를 가졌다?

 "모친 강 씨의 꿈에 어떤 사람이 광채가 나는 구슬 한 개를 주면서 삼키라 하였는데, 삼킨 후 태기가 있었다. 만삭이 되도록 매운 것과 비린내 나는 것들을 멀리하고 오직 독경과 염불에만 뜻을 두었다."라는 도선국사 탄생 이야기가 광양 옥룡사에 세워진 국사의 비문에 나온다.

 반면 출생지인 영암 도갑사에 세워진 도선-수미대사 비문에는 "구림에 사는 최 씨 처녀가 냇가에서 빨래하고 있는데 큼지막한 오이가 떠내려와서 먹고 잉태하였다."라고 나온다. 조선시대 지리 역사책인 『신동국여지승람』 영암의 옛이야기 모음 편에는 "최 씨 처녀가 정원에 열린 한 자(약 30센티) 되는 오이를 따 먹고 잉태하였다. 이후 최 씨 처녀가 아기를 낳자 처녀의 부모가 이웃이 부끄러워 대나무밭에 내다 버렸는데 비둘기와 독수리가 와서 돌보았다. 이를 신기하게 여긴 처녀 부모가 데려와서 소중히 키웠다."라고 나온다.

 출생지인 영암에서 전해져 오고 있는 탄생 설화가 옥룡사 비문에 나오는 이야기보다 훨씬 재미있고 인간적이다. 재미있는 이야기는 생명력이 길고 강하다. 필자는 문화홍보실에 근무할 때 '향토 문화답사' 숙제하러 찾아온 초등학교 3~4학년 학생들에게 도선의 탄생 설화를 아래와 같이 꾸며서 들려주었다.

 "영암 도갑사 아래 구림 마을에 사는 최 씨 처녀가 냇가에서 빨래하고 있는데 팔뚝만 한 오이가 둥둥 떠내려왔대. 오이는 처녀가 빨래하고 있는 물웅덩이 앞에 와서 동동 맴돌았어. 귀찮게 여긴 처녀가 방망이로 오이를 툭 밀었지. 그런데 저만큼 내려가던 오이가 빨래터로 휙 되돌아와서 또 맴도는 거야. 처녀가 방망이로 오이를 다시 툭 밀고, 오이는 다시 돌아오고 이러기를 세 번 하다가 처녀가 그만 오이를 먹어버렸어. 그런데 얼마 후 처녀가 아기를 잉태했대."

아이들은 이 이야기를 무척 좋아했다.

경전 공부에서 참선, 그리고 전국 유람

도선의 인생 역정은 끊임없는 도전의 연속이었다. 그래서 극적인 이야깃거리가 많다. 열다섯에 화엄사에서 머리를 깎고 불경의 중심 책자인 화엄경을 공부했는데 1년 만에 모두 깨달았다. 스무 살이 되자 "대장부가 어찌 문자에만 매달려 있겠느냐?" 하며 경전 중심 공부에서 벗어나 당시 새로운 공부 방법인 선 수행에 들어가고자 한다. 마침 통일신라 말 혜철대사가 당나라 유학을 다녀온 뒤에 9산선문의 하나인 곡성의 동리산에서(지금의 태안사) 선문을 열었다. 도선은 찾아가 제자가 되어 참선 공부에 매달렸다.

참선 3년 만에 도를 깨친 도선은 23세에 전국 유람에 나선다. 옥룡사 도선국사 비문에 의하면 "대사가 이미 깊은 이치를 통달하고는 거처하는 곳이 일정치 않았다. 안개와 노을을 밟고 바위굴에 앉아 그윽함을 즐기며 명승지를 찾아 열심히 공부했다. 혹은 운봉산 밑에서 토굴을 파고 참선을 하거나 혹은 태백산 바위 앞에서 띠 집을 짓고 여름을 나기도 했다."라고 나온다.

사성암과 상백운암 거쳐 평생 머문 옥룡사로

백두산에서 땅끝까지 전국을 두루 돌아다니며 수행을 마친 도선은 구례 오산 사성암과 백운산 상백운암을 거쳐 37세인 864년 드디어 옥룡사에 들어온다. 옥룡사지 국사의 비문에는 "희양현(광양) 백계산에 옥룡사라는 옛 절이 있었다. 대사가 돌아다니다가 여기에 와서 그윽한 경치를 좋아하여 집을 고치고, 깨끗하게 평생을 마칠 뜻으로 혼자 앉아 있으면서 말 잊은 지가 35년이나 되었다."고 전한다.

또 "국사가 옥룡사에 머물자, 전국에서 학도들이 구름같이 몰려들어 '말 없는 말 법 없는 법'으로 수백 명의 제자들을 가르쳤다. 눈만 부딪히고 마음으로 전하여 제자들은 텅 빈 그릇으로 왔다가 꽉 채워서 돌아갔다."고 전한다. 도선은 곡성 태안사에서 동리산파를 개창한 스승 혜철선사의 그늘에서 벗어나 광양 옥룡사파를 독자적으로 형성한 것이다.

한편 한꺼번에 수백 명의 제자들이 모이자 옥룡사가 비좁아 가까운 곳에 운암사를 지어서 제자들을 머물게 한다. 1990년대에 옥룡사지 옆에 운암사를 지은 견성 스님은 이곳이 운암사 터라고 주장했다.

반면 전라남도 문화재 전문위원을 지낸 성춘경 씨와 순천대 박물관 등 관련 연구자들은 지금 운암사가 있는 자리 또는 옥룡사 북쪽의 새운암골(시우암골), 그리고 도선국사가 활동한 시기에 만들어진 삼층석탑과 쌍사자 석등이 있는 중흥사 등 세 곳 중 한 곳에 운암사가 자리했을 것이라고 말한다.

버티는 백룡 눈 찌르자 물러나다

국사의 옥룡사 창건 설화도(국사가 옥룡사를 고쳐서 살았다는 문헌과는 달리) 재미나다. "옥룡사지 연못에 아홉 마리 용이 살았다. 국사가 용들에게 그 연못을 메워서 절터로 만들려고 하니 비켜 달라고 부탁했다. 여덟 마리 용은 자리를 옮겼는데 유독 백룡이 버티고 있어서 국사가 들고 있던 지팡이로 백룡의 눈을 찔렀다. 눈이 먼 백룡이 할 수 없이 물러났다."라는 이야기다.

또 습한 연못을 메우고 말리기 위해서는 숯과 소금이 필요했는데 마침 눈병이 유행하였다. 국사가 "숯과 소금을 연못에 넣으면 눈병이 낫는다."라는 소문을 내도록 하였다. 사람들이 다투어 숯과 소금을 지고 와서 연못에 넣자 눈병이 씻은 듯이 나았다. 재미나면서도 과학적인 이야기다. 실제로 1997~1999년 옥룡사지 발굴 때 필자는 광양시 문화예술팀장이었는데 현재 옥룡사지 식수 샘이 있는 언덕 바로 아래 연못 터에서 숯과 기와 조각들이 많이 나왔다. 샘 왼쪽에 있는 작은 연못은 1960년대에 만들어진 연못이다.

청백자 그릇과 용 문양 기와 사용한 옥룡사

연못 바로 위에는 살림집이 있었다. 옥룡사지 오른쪽 동백림 아래에는 지금도 작은 토굴이 있다. 곡물 저장 창고로 사용한 것으로 보이는데 바로 그 앞쪽에 그릇 창고가 있었다. 옥룡사는 정유재란 때와 1878년에 불에 탔는데 그릇 창고도 그때 불에 탄다. 그릇 조각들을

무더기로 발굴했는데 조선시
대에 사용한 분청사기와 백
자가 대부분이었고 청자 그
릇도 여러 점 나왔다. 강진
청자를 비롯해 양질의 그릇
들이 서남해안 일대에서 광
양 포구를 통해 옥룡사로 실
려 온 것이다. 지붕에 올린
기와도 민가에선 함부로 쓸
수 없는 용 문양이 새겨진

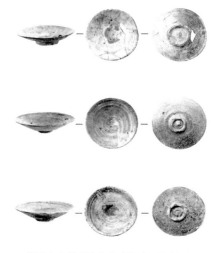

옥룡사지 살림집에서 사용한 그릇 복원

기와를 썼다. 국가 사찰인 옥룡사의 위상을 짐작할 수 있다.

1997~1999년 세 차례 발굴로 국가 사적지가 된 옥룡사지는 광양시
에서 사들여서 나라 땅이 되었다. 옥룡사는 1878년 불이 난 후 폐사
지가 되었는데 이후 청주 한씨 문중 땅이 되었다. 대웅전 자리에는
1923년 건립한 청주 한씨 재실이 들어섰고(재실 상량문 확인) 그 앞쪽
엔 문중 산을 지키는 관리인 집이 자리했다. 여기저기에 민가도 들어
섰다. 새로운 건물이 들어서면서 사지 아래 유적들이 상당 부분 훼손
되었다. 건축에 사용된 돌과 축대, 도랑 등 구축물이 옛 옥룡사 유적
과 얼키설키 서로 얽혀 있어서 발굴에 애를 먹었다.

어머니 암자 길은 명품 산책길

스님들의 어머니 사랑은 '부처 위에 부처 어머니!'라 부를 정도로 각

별하다. 나이 많아져서 오갈 곳 없는 어머니를 스님들이 모신 사례가 꽤 있다. 진묵대사가 완주 왜막실, 경허선사는 안양 청계사, 근래에 원경 스님은 평택 만기사, 혜국 스님은 충주 석종사에서 각각 어머니를 모셨다.

이런 사례에 비추어 도선국사가 옥룡사에서 약 1,900미터 떨어진 곳인 백계산 7부 능선에 암자를 지어 어머니를 모셨다는 이야기는 사실일 가능성이 높다. 이제 어머니 암자를 찾아가 보자. 옥룡사지에서 백계산으로 오르는 첫 들머리에는 '백계산 선각국사 참선 둘레길'이라는 작은 안내판이 있다. '세우 암자 터'라고 적힌 곳이 어머니가 계신 암자 터인데 가는 길에 안내 표시가 자세하지 않아서 찾아가기가 조금 어렵다.

백계산 방향으로 900미터쯤 오르면 삼거리가 나타난다. 표지판이 서 있지만 어머니 암자 터 표지판은 없다. 오른쪽으로 100미터쯤 내려가다 보면 넓은 길이 오솔길로 변한다. 그리고 1,300미터 지점에 포장도로가 나오는데 길을 건너 나무다리로 계곡을 건넌다. 거기서 조금 더 가다 보면 비로소 '세우 암자 터' 표지판이 나온다. 물론 백계산 등산로 표지판은 자주 나온다. 드디어 어머니 암자 터에 도착했다.

도선국사 어머니 암자 터 맷돌

도선국사 어머니 암자 터 비석 받침대

두 개의 터 중 암자가 있었던 위쪽에는 집터 양쪽으로 돌무더기가 쌓여있다. 암자 터 앞쪽 가운데에는 비석은 없어지고 비석 받침대만 남아 있다. 축대 위에는 기와 조각이 수북이 쌓여 있다. 아래 터로 내려서는 길 들머리에는 맷돌 아래짝이 남아 있고 터 앞쪽에 "세우 암자는 도선국사가 어머니를 모신 암자이다."라고 시작하는 작은 안내판이 서 있다.

어머니 암자 터를 안내하는 표지판은 불친절하지만 명품 산책길이다. 세 개의 물도랑을 건너면서 촉촉하고 그윽한 산의 깊이와 싱그러운 숲 내음을 만끽할 수 있다. 표지판을 세우고 중간에 어지러운 임도 작업 길을 잘 정비해서 '도선국사 참선 산책길'로 조성하면 좋겠다.

필자는 옥룡사지 발굴 당시 문화예술팀장으로 있을 때 마을 주민과 스님에게서 도선국사가 백계산 7부 능선에 암자를 지어 어머니를 모셨다는 이야기를 여러 번 들었다. 1988년에 발행된 광양군 마을 유래지에서 어머니 암자 터에 놓인 맷돌 사진(세운암골 맷돌)도 보았다. 그리고 가끔 어머니 암자 산책에 나섰다. 아래 시는 그때 쓴 시다.

도선국사 효행기

햇살 토실한 겨울날
도선국사, 장삼 소매에 홍시 두 알 받쳐 들고
광양 땅 운암골 백계산을 오른다
백두 묘향 태백 지리 무등 조계 백운
백두대간 호남정맥을 내리 지치던
날랜 걸음새 접어두고

한 땀 한 땀 수를 놓듯 고운 발길로
백계산 7부 능선 작은 암자를 오른다

금계포란 길지 옥룡사에 드신 이후 말을 잊어
'말 없는 말 법 없는 법'으로
수백 제자를 길러 온 임
비로소 입을 열어 어머니 하고 소리 한다
햇살 포실한 겨울날
장삼 소매에 홍시 두 알 받쳐 들고
도선국사, 한 땀 한 땀 수를 놓듯
백계산 7부 능선 어머니 암자를 오른다

— 민점기 시

추운 겨울에도 옥룡사지는 따습다. 눈이 와도 금방 녹고 쌓이지 않는다. 옥룡사지 발굴이 한창일 때 자주 그곳을 찾았다. 지금도 종종 산책을 나간다. 특히 몸이 무겁거나 걱정거리가 있으면 옥룡사지 동백 숲길을 걷는다. 숲속에 가만히 앉아 있다가 나오기도 한다. 몸이 가벼워지고 마음이 편안해진다. 참 좋은 곳이다.

글·사진 민점기

국토 사랑 도선의
비보풍수(裨補風水)

광양 옥룡사지에 복원한 도선국사와 통진대사 비와 묘탑

전국에 내로라하는 사찰과 명당에 등장하는 인물 도선국사! 수천 수만 곳에 터를 잡아 주느라 국사는 생전에 몹시 바빴을 것 같다. 터 잡는 지도를 가져와서 물으면 도움말을 해 주었을까? 국사의 유명세에 기대어 너도나도 온갖 터에 국사의 이름을 갖다 붙이기도 했겠지? 그런데 고려나 조선이 관련 기관을 두고 도선국사가 제창한 비보풍수를 정책으로 밀었다면? 국토이용계획을 세우고 집행했다면? 그리고 인간의 삶은 자연과의 상생이라는 비보풍수의 원리에 따라 생태환경 보존과 자연치유에 앞장섰다면 어땠을까? 이런 물음표로 흉한 것을 고치고 조화시켜서 길하도록 하는 국토 사랑 도선의 비보풍수(裨補風水) 이야기를 전개한다.

도선국사 유골 발굴로 떠들썩하다

석곽 및 석관 노출 모습(서쪽에서)   인골 노출 석관과 석곽

도선국사가 옥룡사에서 돌아가신 날은 898년 3월 10일이다. 도선국사 부도탑지 아래에 묻힌 석관에서 물에 잠긴 유골이 햇빛을 본 날은 그로부터 1099년 만인 1997년 3월 10일이다. 음력과 양력의 차이가 있긴 하지만 돌아가신 날 유골을 발굴한 것이다. 문화예술 팀장이 된 지 두 달 만에 시작된 유골 발굴은 필자에게는 무척 당황스러운 일이었다. 먼저, '스님들은 돌아가시면 화장한다는 데 웬 유골?' 하는 의문이 들었는데 곧 해소되었다. 화장이 보편화된 것은 조선 중기이고 그 이전에는 일단 석굴 등지에 시신을 모셨다가 2~3년 후에 뼈만 옮겨서 매장하는 2차장이 일반적이라는 걸 알게 되었다.

약 1,100년이나 된 유골이 골반과 머리 부분이 뭉그러진 것 말고는 팔, 다리, 정강이, 등뼈가 이렇게 선명하게 남아 있을 수 있을까? 두 번째 의문도 곧 해소되었다. 유골이 묘탑(부도탑) 아래 묻힌 지 얼마 되지 않아서 큰 홍수로 인해 물이 석관 속으로 넘쳐 들었다. 물 빠짐 구멍이 없는 석관이라서 유골이 물에 잠겼다. 공기와 접촉이 차단된 물속이라서 천 년이 넘어서도 보존되었다. 이러한 연구진의 의견에 고개가 끄덕여졌다.

세 번째 의문은 '과연 이 유골을 도선국사 유골이라고 볼 수 있을까?' 하는 것이었다. 도선국사의 석관(길이 95·너비 54·높이 30.5cm)과 크기와 모양이 거의 같은 석관이 국립중앙박물관에 있다. 도선국사보다 42년 후인 940년에 돌아가신 원주 흥법사 진공대사의 석관이다. 도선국사의 묘지인 부도 탑 아래의 석관 속에 들어있는 유골이니 국사의 유골로 보기로 했다(탄소연대 측정 방법으로 유골 연대를 알아보려고 했으나 너무 오래되어 측정이 어려웠다).

아담한 터에서 유골 지키고 시를 얻다

발굴 직후 현장에 직접 나온 김옥현 시장은 유골이 훼손되지 않을까 걱정했다. 나는 동료 팀원 한 사람과 저녁을 먹고 등산용 텐트를 메고 발굴 현장으로 향했다. 윙윙. 드센 바람이 산을 울렸다. 비석거리가 가까운 내천 마을 가게에서 소주 한잔을 걸치고 강풍 속에 텐트 칠 것을 걱정하며 비석거리에 들어섰다. 그런데 신기하게도 동백 잎사귀 하나 흔들리지 않았다. 명당의 요건인 장풍, 즉 '바람을 품되 바람의 해를 입지 않는다.'는 말이 실감 나는 순간이었다.

다음 날부터 많은 사람이 찾아들었다. 불교와 고고학 연구자들, 스님들, 풍수 연구가, 문화유적에 관심 있는 지역민들의 발길이 줄을 이었다. 며칠 후 현장 설명회를 열고 순천대학교 박물관으로 석관과 유골을 옮겼는데도(이후 부도 탑 복원 때 본래 자리에 안치했다) 방문객은 한동안 이어졌다. 어떤 젊은 풍수가는 도선국사의 기운을 받겠다고 석관이 들어있는 돌방인 석곽(길이 130·너비 70·높이 80cm) 안에 들어가 한나절 내내 누워있기도 했다.

찾아오는 사람 중에는 '한국 풍수의 원조인 도선국사 같은 분이 왜 이렇게 작고 아담한 터에 묻혔을까?' 하는 의문을 제기한 사람도 상당수 있었다. 나 역시 그런 생각을 했는데 며칠 후 도선의 비보풍수 원리를 쓴 최병헌 서울대학교 교수의 글을 읽고서 답을 얻었다. 국사는 활달하고 완벽한 터만을 찾기보다는 작고 약한 터를 보강하여 고쳐 쓰는 분이었다. 나라의 도읍지와 광역도시의 터, 지방 중소도시의 터, 마을의 크고 작은 터들이 각각 용도에 따라 어떻게 자리 잡고 활용되어야 좋은지를 알린 선각자라는 걸 알게 되었다. 그리고 국사의 유골을 지키면서 기도하는 마음으로 아래의 시를 썼다. 마침 광양항 컨테이너부두 개장이 넉 달 앞으로 다가오고 있었다. (1997년 7월 17일 개장)

유골 옆에서

도선국사 일어나소서
천 년의 잠 깨어나실 때 되었습니다
당신이 점지한 햇살 따사로운 땅 열리고 있습니다
명당의 기운은 산에서 시작하여 들판으로 강으로
바다로까지 뻗쳐 흐릅니다
무심한 세월이라 탓하지 마소서
아마 임은 천 년의 세월 후에사
일어나실 줄 벌써 아셨으리다

한 번의 천 년이 가고 또 한 번의 천 년이
오리라는 것을 벌써 아셨으리다

도선국사 깨어나소서
안개 자욱한 물가에서 먼동 트이길 기다리는
어린 중생들에게 깨달음의 물길 열어주시고
당신의 육신 간수해 온 햇살바라기 땅에
새로운 지평을 환히 밝히소서
파아랗게 이끼 오른 석관 속에 선연히 남아 있는
당신의 굵고 바른 척추처럼
새로운 바닷길 새로운 천 년을 열어가는
이 땅의 힘줄 굵은 민중들에게
굵고 바른 뼈 매듭 허리가 되어주소서

— 민점기 시

사도리에서 풍수지리 전수받다

옥룡사지 도선 비문에 의
하면 '국사가 구례 오산 사성
암(원효 의상 도선 진각대사의
수도처로 유명하다)에 있을 때
하루는 도인이 찾아와 아무
날 강가로 나오면 세상을 구

구례 사도리 삼층석탑

제하고 인간을 제도하는 한 가지 방도를 가르쳐 주겠다고 했다. 날을 맞추어 찾아가니 모래를 쌓아 산천의 순역의 형세를 보여주었다. 국사는 이로부터 음양오행을 환하게 깨달았다. 그곳을 사람들이 사도촌(沙圖村)이라고 불렀다.'라고 나온다.

국사가 도인으로부터 풍수지리를 전수받은 곳은 사도리로 오산에서 바라볼 때 섬진강 건너 노고단 앞에 500m 정도 되는 산자락 아래 길게 펼쳐진 마을이다. 마을 왼쪽 가장자리에 작은 사찰인 상은사가 있는데, 사찰 마당에 삼층석탑이 오산을 마주 보고 있다. 고려시대 석탑으로 광양에 용장사 삼층석탑과 모양과 크기, 만들어진 시기가 비슷하다. 풍수지리를 전수해 준 도인은 알 수 없다. 지리산 도인이라고도 하고 혹은 국사의 스승인 혜철선사가 당나라 유학을 다녀온 분이기에 풍수지리의 기본을 국사에게 가르쳐 주었을 거라는 말도 전한다.

비보풍수는 아픈 땅에 침놓고 뜸뜨는 것이다

'비보' 개념을 『고려국사 도선전』에서는 다음과 같이 설명하고 있다. 사람이 병이 들어 위급할 경우 혈맥을 찾아 침을 놓거나 뜸을 뜨듯이 산천의 결함을 찾아 절을 짓거나 불상이나 탑, 부도를 세워 약점을 보강하는 것을 비보(裨補)라고 한다. 이렇게 시작된 도선의 '비보사탑설'은 비보풍수로 발전하는데 고려 태조 왕건은 비보풍수를 국토운영의 원리로 삼아 정책적으로 시행했다. 신종(神宗) 원년(1197)에는 '산천비보도감(山川裨補都監)'이라는 국책지리기관을 설치하여 결함이

구례 오산 사성암에서 바라본 사도리

있는 곳에 성이나 제방을 쌓았다. 조선조에서도 광범위하게 비보가
이루어진다. 대상지별로는 산천비보, 왕도비보, 고을비보, 마을비보
등으로 나눌 수 있고 비보물의 형태로는 절과 탑 세우기, 나무숲 조
성, 인공 산 만들기, 연못 만들기, 장승 세우기 비보 등으로 구분할
수 있다.

조선시대에는 기술관으로 음양과를 두어 비보풍수 전문가를 관리
로 뽑았다. 의술이 사람의 병을 고치고 다스리는 분야라면 음양(풍수
지리)은 땅에 대한 지식이자 기술이다. 그만큼 자연환경과 사람의 관
계를 음양 즉 비보풍수로 조절하고 관리한 것이다.

한양의 경우 삼각산부터 백악에 이르는 지맥의 중요한 지점인 현
북악터널에 보토소(補土所)를 두고 총융청이라는 담당 관청에서 국가
적으로 관리하였다. 땅의 기운이 빠져나가는 청계천 수구 부위에는
양쪽으로 인공 산을 조성함으로써 기를 보강하고자 했다. 또한 관악
산의 화기를 다스리기 위해서는 해태 조형물을 세우고 남대문 앞에

남지라는 연못을 파기도 하였다. 윗글은 최원석 경상대 교수의 글 (2015년 월간 '산')과 천석의 글(2015년 네이버 블로그)에 필자의 생각을 더한 글이다.

광양에도 비보 숲이 있다, 도선국사가 마을의 안녕을 위해 심었다는 옥룡 산내마을(도선국사 테마 마을) 숲과 조선시대 박세후 현감이 조성한 유당공원에서 인동리에 이르는 숲이다. 유당공원 연못 또한 비보풍수 원리에 따라 만들어진 것으로 보고 있다.

도선 풍수는 땅과 사람에 대한 사랑이다

도선의 비보 사상은 환경관리 사상으로 자연재해를 조절하는 실용적이고 실질적인 기능도 했다. 자연과 인간이 서로 조화롭게 어울리는 원리에 기초한 문화생태학이자 환경 사상으로써 사회적 역할을 수행한 것이다. 앞으로 비보풍수의 현대적인 재해석을 통해 환경 생태주의라는 시대적 사회정신과 연계하고, 인류와 자연이 공존하는 전망을 세워보는 것도 좋겠다.

서울대 교수였던 최창조 선생은 "도선 풍수의 본질은 땅과 사람에 대한 사랑이며, 그 방법론은 사랑하는 대상에 대한 고침의 추구이다"라고 정의한 바 있다. 한편 최병헌 전 서울대 역사학과 교수는 1975년도 발표 논문에서 "도선의 풍수지리설과 후대에 왜곡된 미신적인 풍수도참설은 구별되어야 한다. 도선의 풍수지리설은 국토환경에 대한 합리적인 인식에 바탕을 둔 인문지리학이다."라고 역설한 바 있다. 필자는 도선국사 유골 발굴 며칠 후에 최병헌 교수의 논문을 읽고 깊은 감명을 받았다. 묫자리 잡는 미신풍수로 잘못 왜곡된 도선의 비보풍수를 자연 친화적 생태 풍수로 바로 알게 된 것이다.

마음 편하고 몸이 느끼면 명당이다

산 능선에 올라서면 가슴이 확 트이고 기운이 솟는다. 계곡 물가에 앉으면 마음이 차분해진다. 바람이 잘 통하고 햇볕 잘 드는 곳에 있으면 명랑해진다. 어둡고 습하며 막힌 곳에 있으면 우울해진다. 명당이 별것인가? 마음이 편하고 몸이 좋게 느끼면 거기가 곧 명당이다.

나는 편안하게 쉬고 싶을 땐 옥룡사지 동백림을 찾는다. 우뚝한 기운을 얻고 싶을 땐 진상 불암산성을 찾아 억불봉을 마주한다. 저마다 아끼는 공간, 자주 찾을 수 있는 장소 한 둘쯤 가지고 있으면 좋을 것이다. 명당이란 발견할 수도 있겠지만 가꾸어서 명당이 될 수도 있다. 사람 역시 태어나면서부터 품성이 좋은 사람이면 좋겠지만 혹 그렇지 않더라도 살아가면서 가꾸면 좋은 사람이 될 수 있을 것이다. 명당을 찾기보단 생활 속 공간을 마음 편하고 몸이 좋도록 꾸미면 어떨까?

글을 마치며 드리는 의견

옥룡사지 비석거리에 도선국사 통진대사 부도와 비석이 복원되었다. 비슷한 시기에 조성된 화순 쌍봉사의 철감선사 부도와 구례 연곡사의 동부도가 있다. 쌍봉사 철감선사 부도는 나무를 깎아 놓은 듯 정교하고 섬세하다. 연곡사 동부도는 훤칠하고 날렵한 몸매를 가졌다. 그 두 부도 중에 어느 하나 아니면 중간쯤 어딘가에서 도선국사 복원 부도가 만들어졌으면 했다. 그러나 기계를 사용한 현대인의 기술과 공력이 어찌 옛 명장의 솜씨와 공력을 따라갈 수 있겠는가? 아쉽다. 또한 비석은 본래 화강암으로 된 회색이었는데 검은색 비석이 세워졌다. 아마도 비문 글씨가 잘 보이게 하려고 그리한 것 같다. 이런 내력을 안내판에 표기해 주면 좋겠다.

그리고 광양엔 도선국사의 도호인 '옥룡자'에서 이름한 옥룡면이 있다. 옥곡과 광양읍 사이에 국사봉이 있고, 진상면과 진월면 사이에도 똑같은 이름의 봉우리가 있다. 백운산 줄기에 도솔봉과 억불봉, 진상에 불암산, 중마동과 광영동 골약동에 걸쳐있는 가야산이 있다. 모두 도선국사와 연관된 불교식 지명이다. 이러한 지명을 포함해서 도선국사 관련 전해 내려오는 이야기와 유적을 체계적으로 기록하고 살려서 광양이 자랑하는 소중한 문화유산으로 가꾸어 나갔으면 한다.

글·사진 민점기

아미타불을 모신 백운사와
수행자의 터 상백운암

아미타불을 모신 백운사

백운사는 백운산 해발 900m 지점에 있다. 절로 가는 길은 가파르고, 구불구불하다. 임도 포장이 되어 예전에 비해 편해졌다고는 하지만 여전히 백운사는 높은 곳에 있다. 흰 구름과 벗하려면 이 정도 높이는 감수해야 할까.

백운사는 '하백운암'으로 불렸는데, 보조국사 지눌이 창건하였다고 전해진다. 대한불교 조계종 제19교구인 화엄사의 말사이며, 현재 대웅전, 백운당, 연화당, 산신각, 요사채, 공양간, 무량수전, 보림당, 금선대 등이 들어서 전통 사찰의 모습을 갖추게 되었다.

백운사 목조 아미타여래 좌상

무량수전에 모셔진 목조 아미타여래좌상은 인조 21년(1643) 승려 조각가인 인균(仁均)이 조성하였다. 중후한 얼굴에 가느다란 눈썹, 미소 띤 입매가 인상적이다. 아미타불은 세상의 모든 중생이 열반에

든 후에 마지막으로 열반에 들겠다고 서원을 세운 붓다이다. 그 발원을 담아 조성된 아미타여래는 인자하고 온후해 보인다.

불상 안에서 한지와 청색 비단에 쓴 발원문을 비롯하여, 후령통과 오방경, 비단 등의 직물류, 주색 다라니, 8종의 묘법연화경 등의 유물이 발견되었다. 전라남도 유형 문화재로 지정되어 있는데, 현 백운사 주지인 정산 스님이 국가 보물로 지정받기 위해 노력하고 있다. 산신각에 모셔진 탱화는 노송을 배경으로 백운산 산신령과 해학적인 호랑이, 동자가 표현되어 있으며 1882년 고종 19년에 제작되었다.

대대적인 불사로 절의 규모가 커졌지만 정산(正山, 백운사 주지) 스님은 아직 미완성이라고 말씀하신다.

"광양은 불심이 좀 약한 것 같아요."

그동안 미완성인 불사를 마무리 지으려고 나름대로 노력하였지만, 경과가 더딘 것에 대해 우회적인 표현인 것 같다.

절을 찾는 신도들과 시민, 멀리서 찾아오는 등산객의 안전을 위해서는 포장이 끊긴 지점부터의 도로 확장과 포장이 시급하다. 해우소 앞의 주차장도 비좁은 데다 난간 시설이 없어 역시 위험해 보인다. 절을 찾는 사람들이 여유롭게 쉬며 넉넉하게 사찰 행사를 치를 수 있도록 대웅전과 무량수전을 잇는 마당이 생기면 절터가 한결 안정되고 광양을 대표하는 사찰로 손색이 없을 것 같다.

수행자들의 터, 상백운암

상백운암은 백운산 상봉 아래 1,040m 고지대에 있다. 백운사에서 새로 임도가 뚫려 오르는 시간이 단축되기는 하였으나 호젓한 산길을 걷는 묘미는 사라졌다. 다행히도 암자 아래 400m 지점부터는 옛길을

최근에 중창을 마친 상백운암

걸어 오를 수 있다. 너덜겅 길을 지나면 중백운암 터가 나온다. 커다란 돌탑과 누군가 마음을 보탰을 작은 돌탑들이 보인다.

상백운암은 화려한 건축물이나 유물, 유적이 있는 암자는 아니다. 그러나 천 년 가까이 한국불교의 선맥(禪脈)을 이어온 대선사들이 수행하였던 이름난 수행터이다. 역사적인 기록은 없으나 도선국사를 빼고 상백운암을 서술할 수는 없다. 광양의 진산인 백운산은 도선국사와 인연이 깊으며 도선이 주석하였다는 옥룡사는 상백운암에서 한걸음에 건너뛸 수 있을 정도로 지척이다. 도선국사가 상백운암 터를 본 후 가사 장삼을 입고 7일을 춤추었다는 이야기가 전한다.

선동 마을 주민들에 따르면 현 백운사 산영각 뒤 절벽 아래에는 '도선의 기도처'로 알려진 암굴이 있으며, 아는 사람들은 요즘도 이곳을 찾아 기도를 드린다고 한다.

상백운암에 오르면 기운이 맑아지고 심신이 편안해진다. 최근 중창을 마친 상백운암은 인법당과 법당, 봉서당으로 이루어져 있다. 바위 절벽이 병풍처럼 둘러쳐져 있고, 시야는 툭 터져 조계산, 모후산, 무

상백운암에서 바라본 옥룡면, 광양읍 전경

등산이 차례로 눈에 들어온다. 첩첩한 산마루가 끝간 데 없이 둥글게 펼쳐진다.

인법당 쪽에서 보면 옥룡면과 광양읍, 광양만과 순천 신대지구, 고흥반도가 한눈에 내려다보인다. 암자는 천혜의 요새처럼 안온하다. '봉황의 둥지 터'라는 항간의 비유가 실감 난다.

상백운암 바위샘

『신증동국여지승람』(1481-1530 편찬)에 백계산(백운산의 옛 이름)에 대한 기록이 있다. '백계산은 광양현의 북쪽 20리에 있는 현의 진산이다. 산머리에 바위가 있고 바위 밑에 샘이 있으며 샘 밑에서 구름이 때때로 일어난다. 무릇 비는 것이 있으면 문득 영험이 있고 재계하는 것을 삼가지 않으면 샘이 마른다.' 이 구절 속의 샘이 상백운암 뒤란의 석간수이다. 이 암자의 유일한 식수원인데, 물맛이 기가 막히게 좋다. 이 석간수로 차를 끓이면 차 맛 또한 일품이다. 암자에 먹을 것이 떨어지면 우물 청소를 하면 먹을 것이 생긴다는 이야기도 있다. 이 석간수가 없으면 상백운암이라는 빼어난 수행터도 없을 것이다.

상백운암 터에 얽힌 재미있는 증언을 소개한다. 연담이라는 승려는 '바위 기운이 거칠게 흘러넘치는 터이지만, 한 꺼풀 벗겨보면 아주 부드러운 터'라고 하였다. 또 다른 수행 거사는 심한 태풍에도 별다른 영향이 없으며, 안개가 자욱하여도 답답한 느낌이 없다고 하였다. 한겨울에도 삭풍이 없으며, 또한 아무리 추워도 햇볕만 들면 아래 백운사보다도 따뜻하다고 하였다. 여름이면 깔따구 떼가 나타나기도 하나 돌담 아래로만 모여들 뿐, 담장을 넘어 암자 마당으로 올라오지 않는 것이 아주 신기하다고 하였다. 바람이 골짝 아래로부터 불어 올라오는데 암자 아래에서 양방향으로 갈라져 암자 터를 감싸는 형세를 띤다고 한다. 맞바람이 치지 않으니 정신이 흐트러지지 않는다고 증언하였다.

상백운암은 고지대인 데도 바람이나 햇빛, 물 등이 사람이 거주하기에 적당한 곳이다. 예전에는 교통이나 이동로가 아주 열악하였기에 사람의 접근이 쉽지 않아 수행터로는 최고의 명당이었을 것이다. 보조국사 지눌은 지리산 상무주암을 '갑천하지제일도량(甲天下之第一道場)'이라고 하였다가, 상백운암 터를 보고는 천하를 둘러보아 최고 길지라는 의미에서 '주천하지제일도량(周天下之第一道場)'이라고 찬하였다고 한다.

백운산 상봉과 상백운암

상백운암의 중창주는 불일 보조국사 지눌이다. 원효와 함께 한국 불교사의 양대 산맥으로 일컬어지는 선사이다.

지눌이 삼존불 형태인 상백운암 뒤편의 바위 절벽을 보고 삼존불 감을 지어 하나는 자신이 가지고, 하나는 이곳에 안치하였다고 한다. 현재 보조국사가 지녔던 원불은 송광사 박물관에 있는데, 국보로 지정되어 있다. 삼존불감은 정유재란 때 불타버리고 인조 때 영현이라는 스님이 조성하여 재 안치하였다. 그런데 1992년 도난당한 것이 어찌 된 영문인지, 지금은 동국대 박물관에서 소장하고 있다고 한다.

지눌의 법통을 이은 진각국사 혜심도 상백운암에서 법의 인가를 받았으며, 관련된 시가 전하는데 한정된 지면상 소개할 수 없어 아쉽다.

상백운암에서 수행하였던 분으로는 임란 때 팔도도총섭을 지낸 벽암 대선사, 회은 스님이 있다. 벽암과 회은은 당시 승려로서 최고 품계인 팔도도총섭과 승병대장을 역임하였는데, 회은 이래로 광양 지역의 승려들은 국가가 어려운 상황에 처할 때마다 분연히 일어나서 국가 수호에 앞장섰다. 동동 마을 바위산장 건너편에 회은 스님을 기리는 비가 서 있다.

또 상백운암에서 도를 깨우친 분 중에는 호암 선사, 무용 스님, 금오선사, 구산선사, 활안 스님 등이 있다. 그리고 현대불교 수행자로는 월인, 송암, 혜국 스님 등이 있다.

상백운암의 도인으로 불리는 구산선사는 불타버린 상백운암을 복구하고 6년가량 이곳에서 수행하였다. 그래선지 구산 스님에 관련된 일화가 특히 많이 전해져 온다. 전 송광사 주지인 현호 스님이 상백운암에 도인이 있다고 해서 찾아갔는데, 백운산에 들어섰을 때는 이미 날이 어둑해지고 있었다. 낯설고 캄캄한 산중을 헤매는데, 구산 스님이 갑자기 종을 쳐서 현호 스님이 그 소리를 듣고 암자를 찾았다고 한다.

또 하나는 구산 스님이 하루 한 끼 공양만을 했는데, 그때마다 당신이 먹을 밥에서 한두 숟가락씩 덜어내어 산짐승들에게 줬다고 한다. 어느 겨울 눈이 많이 내려 산길이 그만 끊겨 버리고 말았다. 길이 막히니 스님이 드실 양식도 떨어졌다. 백운산 아랫마을에 사는 할머니가 스님의 양식을 조금씩 머리에 이고 다녔는데, 눈에 덮여 길을 찾을 수 없었다고 한다. 이때 산토끼 한 마리가 나타나서 상백운암까지 길을 안내했다는 이야기가 전한다.

또한 당시 광양 경찰서장 부인을 비롯한 불자들의 꿈에 백운산 도인이 용맹정진하고 있는데, 먹을 것이 떨어져 곤란을 겪고 있으니 어서 가보라는 현몽이 있었다. 부랴부랴 상백운암을 오르는데, 구산 스님은 바위굴에 앉아 깊은 삼매에 빠져 있었다. 하도 움직임이 없어서 새들이 스님의 어깨 부위를 콕콕 쪼아서 솜을 물어내고 있는 희한한 광경을 보았다고도 한다.

구산 스님은 조계총림의 초대 방장을 지냈고 1973년 우리나라 최초 국제 선원을 개원하는 등 불교를 세상에 널리 알리는 일을 하였다.

상백운암은 한국불교의 역사와 문화를 함께 하며 수많은 고승 대덕의 수행처로 그 법등(法灯)을 밝혀 왔다. 천년의 세월을 이어 이곳에 왔다 간 선지식들이 그토록 추구한 도(道)는 무엇일까? '어떻게 살아야 하는가!' 하는 문제를 두고 치열하게 정진하였을 수행자들의 에너지가 뭉쳐 있는 곳. 백운산 상백운암은 오늘도 칼칼하게 우주를 마주 보고 있다.

글·사진 정은주

자랑스럽고도 아픈 역사가 스민
산본(山本) 마을

6월 초, 맹하(孟夏)가 아니라 성하(盛夏)의 계절이라고 불러야 할 것 같다. 필자가 산본 마을을 방문한 날은 뜨거운 기운이 벌써 턱 밑까지 차올랐다. 막 모내기를 마친 들판에는 연초록 벼 이파리가 때 이른 무더위를 사랑하는지 열심히 생명의 물을 흡입하고 마을 뒤 서산(西山) 밤나무들은 야릇한 냄새를 뿜는다. 마을에는 매실 수확철이라 바쁜지 사람은 만나기 어렵고 산비둘기 소리만 가득하다. 마을회관에 들어서니 할머니 몇 분이 담소를 나누고 계셨다. 거의 매일 점심 식사 후 자연스럽게 모인단다. 덕례리에서 살다가 스무 살에 이 마을로 시집을 왔다는 이덕순(92세) 할머니께 마을의 자랑거리가 무엇이냐고 물었더니 "뭐 자랑할 게 뭐 있나? 이만큼 살았으면 됐제." 하며 웃으신다. 다른 분들도 그 말에 맞장구쳤다.

이장과 약속 시간이 아직 일러 15대 광양산림조합장을 하신 김영원 어르신을 뵈었다. 아직도 경운기를 몰며 대부분의 농사일을 혼자 하신단다. 몸의 한계는 어디까지일까? 타고난 건강이 있겠지만 매일 하는 노동이 근육 세포

전 산림조합장 김영원 씨(86세)

들을 새롭게 하는 것일까? 마당에는 밭일을 서둘러 마친 자녀들이 마늘이며 양파, 매실 등을 바리바리 싸느라 분주하였다. 그들은 전쟁 같은 도시 생활에 필요한 무기들, 고향의 추억이나 부모님의 사랑 등을 차곡차곡 트렁크에 쌓고 있었다. 어르신은 마을 뒷산 즉, 리기다소나무와 밤나무 산인 서산을 가리켰다. "저게 다 우리가 조림한 거야. 군청이랑 같이." 어르신의 말씀에 자부심이 묻어났다. 선거를 치르는 조합장은 한 번으로 충분하다고 생각하고 자영농으로 전업하셨단다. 큰 나무가 산을 지킨다면 겸손한 노인은 마을의 보배일 것이다.

기다렸던 안두안(75세) 이장님이 오셨다. 그도 나이에 비해 매우 건강해 보였다. 약간 무뚝뚝한 표정으로 "뭐 땜시 그래싸요? 바쁜디. 요즘 새벽 다섯 시에 인나요." 하셨다. 고사리밭 3천 평에다 감나무와 벼농사까지 직접 하신다는 그를 붙잡고 있자니 송

마을 이장 안두안 씨

구한 마음이 들었다. 이장은 올해 6년 차로 코로나 때문에 내년까지 7년을 채우면 그만두겠다고 하셨다. 그의 최대 업적은 2020년 준공한 32평 규모의 마을 회관을 건립한 일이다. 출향 인사를 포함하여 주민들이 7천만 원 넘게 모금이 된 마당에 시에서 갑자기 예산이 삭감되었다는 소식을 듣고 깜짝 놀랐단다. 자신의 모든 연결망을 총동원하여 어찌어찌 다시 2억 5천만 원을 부활시켜 마을 회관 공사를 시작하였는데 이번에는 하도급을 맡은 회사가 마을 통장에 압류를 신

청하여 무진 애를 먹었단다. 필자도 마을 일을 맡아 일을 해 본 적이 있어 속 터지는 그의 심정을 충분히 이해하였다. 인사를 하려는 필자에게 마을 발전을 위해 꼭 필요한 사업이 있다며 몇 번이나 반복하는 말 속에 뜨거운 마을 사랑이 전해졌다. 그 사업이란 마을 뒤 산자락으로 소방도로나 농로를 내는 것이다. 길이 없다면 최첨단 농기계가 무슨 소용이 있으랴! 길을 내려면 시 당국의 지원과 함께 농지 소유자들의 결단이 필요하다고 강조하였다.

하늘에서 본 산본 마을

드론 카메라로 하늘에서 산남 마을을 모두 담으려면 수백 미터 상공을 날 수 있어야 한다. 지면에 실린 사진은 산본 아랫마을 평촌(평더리)까지 담아내지 못했다. 그만큼 큰 마을이라는 뜻이다. 지정될 당시 190여 년을 산 당산나무가 있는 평촌을 포함하여 산본 마을은 87세대에 주민등록상 150여 명이 살고 있다. 어림잡아 나이 많은 어르신, 농부, 외부 직장이나 자영업 종사자가 각각 1/3씩 구성되어 있다.

최근 면 소재지로 가는 신재
길 따라 상가나 주택이 점점
늘어나 소위 도시연담화 현상
이 나타나고 있다. 그만큼 사
람이 많이 오가고 교통량이
증가하고 있다.

마을 동북쪽 산본 저수지

산본 마을은 동천을 앞에
두고 뒤로는 서산 자락 아래 길게 펼쳐져 있다. 마을 좌측에는 월파,
우측에는 남정, 동천 건너에는 재동 마을이 있다. 마을 오른쪽 어깨
위 가무고개 아래 산본 저수지가 있어 벼농사의 젖줄이 되고 있다.
주로 논농사와 산을 이용한 밤, 매실, 고사리 재배나 비육우 생산 등
이 주 수입원이다. 그런데
2005년 간행된 시지(市誌)에
산본 저수지(저수량 17.1천 톤)
는 1943년 준공된 것으로 쓰
여 있고 주민들도 일제 강점
기에 만들어진 것으로 기억하
고 있으나, 정부의 공식 누리

칠성바우 고인돌

집(https://www.korea.kr/)에서
'전국 시군구 관리 저수지 현
황'으로 검색하면 1954년으로
나온다. 광양시에서 무엇이
사실인지 확인하고 보완해야
할 것으로 보인다. 왜냐하면

마을샘

저수지의 수명은 보수 공사의 기초 자료가 되고 주민들의 안전과 관련된 사항이기 때문이다.

마을에는 고인돌이 다섯 곳에 걸쳐 있다. 그중 개똥골 칠성바우를 중심으로 10기가 군집을 이루고 있다. 수풀이 우거져 표지판을 찾는데 애를 먹었다. 진입로라도 정비되었으면 하는 바람이다. 선사시대 우리 조상의 숨결을 느낄 수 있는 곳이 아닌가? 전하는 이야기로는 1850년경 밀양 박씨들이 저수지 안쪽에 정착하여 지금도 이곳을 원동(元洞)이라 한다. 새미정골에는 물맛이 좋다는 우물이 남아 있지만 지금은 허드렛물로 사용한다.

산자수명하니 인물도 많다. 산본의 자부심은 애국지사 서경식(1886-1938) 선생이다. 초등학생들에게 '광양에도 1919년 3·1 만세 운동이 있었을까?' 하고 물으면 얼른 대답하지 못한다. 휴대폰이 없던 시절 3월 1일 서울에서 시작된 만세 운동이 어떻게 광양에 전파되었을까 생각하는 모양이다. 뜻이 있으면 길이 있는 법. 그해 3월 27일 유생 정성련이 독립

독립유공자 서경식

만세를 외쳤고, 이어 4월 1일 장날 광양읍 읍내리에서 서경식, 박용래, 정귀인 등이 주도하여 1,000여 명의 군중들과 함께 "조선 독립 만세"를 외쳤다. 당당히 체포되어 징역 8개월을 살았다. 1992년 뒤늦게 대통령 표창 서훈을 받았다.

광양의 다른 지역과 마찬가지로 산본 마을도 여순사건과 6·25의 상

처를 안고 있다. 해방 후 나라가 아직 제 모습을 갖추기 전 제각각 주장을 펼치는 가운데 정권을 잡은 이승만 정부는 민중들의 핵심 요구(자주 통일 민족 국가 수립, 친일 청산, 토지 개혁 등)를 실현하지 못하였다. 지도자들의 무능과 오판은 결국 내부의 분열과 남북 간 전쟁으로 나아가 조용한 농촌 마을에까지 소용돌이를 초래하였다. 이 마을 출신 김준기 씨는 우익 성향의 '독립 촉성 중앙 협의회' 청년단장으로 제헌 의회에 출마할 정도로 똑똑한 인물이었으나 여순사건 당시 빨치산을 공개 비방했다가 좌익에 끌려가서 처형되었다고 그의 조카가 증언해 주었다. 마을 입구 오른쪽 작은 동산은 학 모양을 닮았다고 '두루미산'이라 불리는데, 마을 사람들의 증언에 따르면 여순사건 피해자들의 시신이 많이 버려져 어릴 적 땔감을 구하려고 산에 올랐다가 솔잎 사이에 낀 해골을 발견하여 공차기로 이용하였다고 한다.

여순사건은 6·25 한국 전쟁으로 이어졌다. 14연대 군인들이 백운산과 섬진강 너머 지리산에 스며들면서 산자락 주민들은 길고 긴 야만의 시대를 건너야 했다. 70년 세월이 흐른 지금도 그 트라우마는 살아있다. 밤이면 빨치산들이 식량, 의복, 약품, 정보를 구하러 마을로 내려오고, 낮이면 군경이 찾아와 빨치산이 누구 집에 들렀다는 것만으로도 주

백운산 전몰장병 위령비

민들의 목숨을 요구하였다. 총칼을 들이밀며 음식을 달라고 하면 무슨 선택을 할 수 있을까? 내가 살려니 이웃을 손가락질할 수밖에 없었고, 자신의 반공 의식을 증명하려니 의용군에 지원할 수밖에 없어

백운산 어느 계곡에서 산화하였다. 마을 입구 작은 두루미(학) 산 한 쪽에 〈백운산 지구 전몰 장병 위령비〉가 서 있다. 이곳에서 6·25 중 공비 토벌 작전으로 지프를 타고 올라가던 허정수 소령이 매복 기습 공격을 받아 전사하였다. 그를 포함한 44명의 군 장병의 영혼을 위로 하는 비석이다. 옥룡초등학교 교정에는 같은 기간 희생된 옥룡면민 115명의 영혼을 위로하는 〈전몰 호국 용사 추모비〉가 있다.

두루미 산 산자락에 백운요(白雲窯)가 있어 마을의 품격을 높여준 다. 도예가 중산 김정태와 그의 아내 토우 작가 신효정은 옴팡진 마 을의 아름다운 곡선을 빚어낸다. 흙이 가진 고유의 성질에 불꽃과 잿 물의 의도하지 않은 형태와 빛깔을 의도적으로 만들어가는 새로운 차원의 분청사기 맥을 잇는다. 생계를 위해 생활 도자기와 학생들의 체험학습도 하지만 이들의 예술혼은 꺼지지 않고 있다. 산본 마을에 는 백운요 말고도 라이프 아트(Life Art)를 추구하는 모기태 화백이 15 여 년 전 입주하여 살고 있다. 가까운 곳에 그림 카페를 열어서 운영 하다가 여동생에게 물려주고 지금은 작품활동에만 전념하고 있다. 예 술 작품을 생활 속에 가까이 즐기자는 신념으로 최소한의 노동 비용 개념만 적용한다고 한다. 각 가정에서 몇 작품을 구입하고 이웃 간에 매해 무상 임대하는 방식으로 작품을 공유하는 건 어떨까 싶다.

이웃 마을에 사는 필자는 같은 산남리 주민으로서 산본과 남정 뒷 산 둘레길이나 소방도로 건설 같은 것을 공동으로 추진하는 것도 건 의한다. 물론 섬배기(하천 솔밭 공원)를 가족 생태 공원으로 가꾸어 나 가면 좋겠다. 농촌은 근원부터 자연과 사람들이 함께 어우러지고 서 로 의존하는 곳이다. 지금 대한민국 농촌은 거대한 양로원이 되었다. 앞으로 농촌의 살길은 지친 영혼을 가진 현대인들이 잠시라도 아름답고 생태적인 공간에서 사람 사는 정을 느끼고 공동체가 무엇인지 체험할 수 있도록 변모하는 것이다. 그러자면 산본 이장님이 말씀하셨듯, "시 당국의 지원과 함께 농지 소유자들의 결단이 필요하다."

글·사진 박발진

고인돌이 숨 쉬는
남정(南井) 마을

만약 당신이 광양에 전원주택을 짓는다면 어떤 기준으로 마을을 선택할까? 필자는 십여 년 전 몇 가지 기준을 정하였다. 첫째, 직장과 종합병원이 승용차로 30분 이내 둘째, 마을 뒷산과 앞 시냇가 즉 배산임수(背山臨水)의 풍광 셋째, 마을의 전통과 인심 넷째, 축사 등 주변 혐오 시설의 영향을 받지 않는 곳 등이었다. 그래서 선택한 곳이 옥룡면 남정 마을이었다. 지금 곰곰히 생각해 보니 내 선택이라기보다는 마음이 저절로 끌렸다는 편이 옳을 것 같다.

창밖으로 넓은 들판과 멀리 국사봉 능선을 바라보면 마치 고향에 와 있는 듯한 착각이 든다. 퇴근하고 날마다 고향의 품에 안길 수 있는 건 큰 행복이었다. 과장처럼 들린다면, 광양읍 옥룡 방면 고속도로 굴다리를 지나 3㎞ 지점에 이르면 왼쪽으로 펼쳐지는 너른 들판 너머 옹기종기 낮은 주택들이 보이는 마을, 그 입구에

호두산 아래 남정 마을과 들판

마을 이장 정현식 씨

잠시 멈추어 보시라. 마을 사람들이 입버릇처럼 하는 '옥룡제일남정'이란 말이 허언이 아님을 실감할 것이다. 굳이 풍수를 논하지 않더라도, 호랑이 머리 모양의 백운산 줄기인 호두산(虎頭山)이 마을을 품고 있고 앞으로는 옥룡 최대의 들판이 펼쳐지고 있어 이곳 인심을 가늠할 수 있을 것이다.

그 옛날에는 마을 입구에 장기(場基) 혹은 장터거리라는 작은 마을이 있고 이곳에 큰 장이 열려 이곳 곡식과 소금을 얻기 위해 순천 월등, 황천, 하동 화개에서까지 찾아왔다고 한다.

남정 마을은 현재 70여 가구에 110여 명이 살고 있다. 올해 8년째 마을 이장을 맡고 있는 정현식 씨에 따르면 "최근 점점 가구 수가 늘고 있는데, 이것이 한 마디로 우리 마을이 얼마나 살기 좋은 곳인가를 말해 준다."고 하면서 트럭을 몰고 씽하니 모내기하러 떠났다.

문화재로 지정된 고인돌 공원

마을 뒷산 고갯길을 넘으면 봉강면 부현 마을이 나타난다. 마을 왼편으로 산본, 우편으로 하평 마을이 있고 마을 앞 2차선 도로를 건너면 덕천이다. 언제부터 마을이 형성되었는지 정확히 알 수는 없지만 문헌상 기록에는 1600년경 '광양현 북면(北面) 옥룡리(玉龍里) 남정촌(南井村)'이라는 근거가 있고, 구전에 의하면 약 450여 년 전 이천 서씨(利川徐氏)가 처음 들어와 살았다 하는데 지금도 서씨들이 다수이다. 마을 이름은 우물과 관련이 있다. 옛날 광양현감이 가목재 밑 맑은 샘물을 마시고 감탄했다는 감로정(甘露井)이 있었다. 이곳 샘 남쪽에 위치한 마을이라 하여 남정(南井)이라 부르게 되었단다.

마을 소개 1번지는 무엇보다 전라남도 기념물 제240호로 지정된 청동기시대의 흔적인 고인돌군이다. 인근 하평 마을에도 고인돌이 있지만 이곳은 44기로 광양에서 최대의 집단을 이루고 있다. 이로 보아 늦어도 2500년 전부터 사람들이 인근에 촌락을 이루고 살았을 것이다. 고인돌 공원 덕분에 광양의 역사를 배우고자 하는 초등학생뿐만 아니라 향토사가들의 필수 답사 코스가 되었다.

'그 옛날 사람들은 무슨 생각으로 이 무거운 돌들을 이곳에 어떻게 옮겼을까?'하는 호기심이 자동으로 솟는다. 내 고장이 수천 년의 역사를 지녔다는 것은 그만큼 수많은 사람의 피와 땀, 즐거움과 괴로움이 서려 있는 곳이기에 삶의 교훈과 지혜를 배울 수 있다는 뜻이다. 현재 개인 소유로 되어 있어 전에 보이지 않던 가묘 같은 무덤도 생겼다. 행정당국이 이곳을 매입하여 제대로 된 역사 교육장으로 활용되기를 바란다. 애향심은 저절로 생기는 것이 아니라 어렸을 때의 추억이 씨앗이 되어 길러지는 것일 테다. 최근 표지판을 새로 단장하였는데, 단체가 동시에 보기에는 위치가 적절하지 않고 크기도 작아서 아쉽다. 반듯하게 서 있던 예전 표지판이 차라리 좋았다.

다음 자랑거리는 마을 앞 솔밭 공원이다. 공식 이름은 '동천 내 하천 섬 공원'으로 만 5천 평에 이른다. 마을에서 공원으로 가려면 율천교를 건너야 하지만 행정구역상 주소는 산남리 135-1번지이다. 그러다 보니 인근 주민이 이용하기보다는 순천, 광양읍 등 외지인들이 훨씬 많이 찾아온다. 수년 전 텐트를 치는 캠핑 인파가 너무 많아 마을 입구가 주차장으로 변한 적이 있다. 주민들이 민원을 넣었고 그 이후로 캠핑은 금지되었다. 그런데 요즘 다시 캠핑카가 늘고 있다.

솔밭 공원은 백운산에서 시작하는 동천(東川)이 남정 마을 앞에서 두 갈래로 갈라지면서 생긴 하천 섬이다. 30여 년 전에는 개인 소유 덕천 농장이었다. 필자는 당시 농장주인과 우연히 인연이 되었는데, 그는 채소와 과일을 트럭에 싣고 와 금호동에서 판매하였다. 나중에 농장을 방문해 그가 솔섬 안에 자갈밭을 일군 젊은 시절 이야기를 소상히 들을 수 있었다.

2002년 태풍 루사, 2003년 매미가 몰아치면서 하천 섬은 엄청난 폭우와 강풍으로 큰 피해를 입었다. 마을 앞 들판에 컨테이너 몇 개가 둥둥 떠다니는 걸 필자도 보았다. 농장은 돌로 지은 창고만 남고 모조리 폐허가 되었다. 시에서 매입하여 하천 섬 공원으로 새로 단장했다. 다양한 수종의 나무를 심고, 화장실, 주차장, 돌다리, 전망대, 자연 관찰대, 습지원, 캠핑 데크, 족구장 등이 만들어져 지역민의 힐링 공간으로 거듭났다. 특히 섬 양쪽은 얕은 시냇물이 흐르고 있어 아이들의 안전한 물놀이장, 각종 새와 수초의 보고가 되었다. 2019년 전남녹색연합은 이곳의 식생을 조사하고 나무마다 이름표를 붙였다.

지금은 개인뿐만 아니라 환경 단체, 마을 학교, 유치원, 초등학생의 놀이와 생태 교육 현장으로 유용하게 이용되고 있다. 그런데 지난 겨울(2022년) 굴삭기를 동원해 강바닥을 긁어내는 공사를 하더니, 요즘은 광양시 산단 녹지센터에서 바이오톱을 리모델링하여 '공동체 정원'을 만들고 있다.

남정 빵 체험 농장

솔섬 공원 내 정자 풍경

자연에 대한 인간의 최고의 예의는 가급적 원형을 보전하는 것이 아닐까 싶다. 잘 우거진 숲, 그리고 섬 양편으로 흐르는 시냇가로도 훌륭하건만 바이오톱을 만들고 데크 길을 깔았다가 이제 그조차 뜯어내고 새 공사를 한다. 2억 원이 넘는 큰 세금이 쓰이는 만큼 소기의 목표를 달성해 주기를 간절히 바란다. 그리고 앞으로는 자연 녹지 공간이나 공원 개발을 할 때는 환경 단체의 의견도 수렴해 주면 좋겠다. 개인적인 소견으로는 이곳을 전국 최초 '시립 가족 공원'으로 지정하여 음주나 흡연을 금지하여 가족의 힐링과 학생들의 생태 교육장으로 활용하면 어떨까 싶다.

마을에는 최근 핫플로 떠오르는 '남정 빵 체험 농장'이 있다. 이 농장은 도토리 마을학교도 운영하고 있다. 농장주 서예신 씨는 "땅도 살리고 아이들 아토피 치료에도 도움이 되어 시작하였다."면서 요즘은 유치원과 초등학교 학생들이 줄이 이어 즐거운 비명을 지르고 있다. 돌베 소보로, 매실 마들렌, 곶감 쿠키, 컵케익, 고구마 빵, 피자, 효소청 만들기 등 지역의 특산물을 이용한 다양한 요리 체험과 해먹 타기 등의 자연물을 이용한 놀이 프로그램을 진행하고 있다.

단장한 담장 개량 사업

남정 마을의 명사 중 한 분은 서정현 씨이다. 그는 2020년 당시 마을 이장을 하였는데 광양시의 지원을 받아 마을 진입로를 넓고 반듯하게 확포장했다. 그 기념으로 사비를 들여 높이 2m의 화강암 표지석을 세웠다. 그는 광양여고 축구부에 매년 쌀 200kg을 기증하기도 하였다. 그의 선행이 더욱 돋보이는 것은 폐지나 고철 등을 수집하여 판매한 수익을 사용하는 점이다. 자원을 재활용하는 기부 천사로서 그는 생을 마칠 때까지 이웃에 봉사하며 즐겁게 살고 싶다고 한다.

남정 마을은 2020년 농림축산부 공모 사업 지원금 5억 원을 받아 마을 담장을 개량하고, 전통 우물을 복원하였다. 살기 좋은 마을을 만들려고 경관을 가꾸거나 소득 작물 경영에도 힘쓰고 있다. 마을 뒷산에 둘레길을 내고 마을 앞 들판에 마을 정원을 가꾸어 노인들이 함께 숙식할 수 있는 노인 공동 생활시설을 세우면 좋겠다. 낮에는 어린이들이 찾아오고 밤에는 평생 친구들이 함께 지낼 수 있는 공간이 있다면 집을 멀리 떠나 요양원에서 쓸쓸하게 생을 마치는 일은 없을 것이다.

남정 마을이 풀어야 할 과제도 있다. 너른 들판에 점점 늘어나는 대규모 태양광 시설과 마을과 좀 떨어진 거리이지만 규모를 키워가는 축산 농가들과의 원만한 협상과 타협이다. 개인의 영리활동을 막을 수는 없지만 이곳에 수백 년을 살아온 사람들의 행복을 함께 지키는 지혜가 필요하다. 당사자 간의 갈등이 합리적으로 풀리지 않을 때, 행정 당국이 중재하는 역할을 하거나 마을에서 최소거리를 떨어지도록 하는 제도를 수립해 주기를 기대한다.

글·사진 박발진

품격 있는 으뜸 마을,
상운(上雲) 마을

    상운 마을을 찾아가는 날, 상운(上雲)이라는 이름을 의식해서인지 자꾸만 눈길이 하늘로 향했다. 동화 속 마을처럼 하얀 구름이 드리워진 예쁜 마을이 나타나려나. 기대와 설렘을 안고 옥룡에 들어섰다. 필자의 마음에 부응하는 듯 백운산 자락 곳곳에 뭉게구름이 두둥실 떠올랐다.

상운 마을 전경

    "어르신들 마음이 포근해서 들어왔어요. 이곳에서 편안하고 안정된 노후를 보내려고요." 마을을 거닐다 처음으로 만난 손장일(63세) 씨의 말이다. 순천시청에서 퇴직하여 상운 마을을 제2의 삶터로 정했고 강아지 복남이와 중흥사까지 산책하는 것이 큰 즐거움이라 한다. 가족들 모두가 만족하시냐 물으니 곁에 있던 복남이가 컹컹 큰 목소리로 대신 대답해 준다.

한결 가벼운 마음으로 회관에 닿으니 또 다른 강아지가 필자를 맞았다. 서로 통성명을 해야겠기에 네 이름은 뭐냐고 물었다. 인기척을 듣고 나오신 어르신들이 가르쳐 준 강아지 이름은 '공샌'이었다. '샌'은 선비를 일컫는 말이 아닌가. 작은 강아지에게도 주인인 공씨 성을 붙여 존대하는 것 같았다.

하늘만 보이는 동네

상운 마을은 옥룡면 운평리에 속하며, 봉강으로 넘어가는 길을 사이에 두고 아랫마을은 하운이라 부른다. 상운의 본래 이름 뿌리인 굴물(堀勿)은 산골짜기라는 의미로 백운산 산기슭에 자리

회관에서 만난 어르신들

잡은 마을이란 뜻이다. 산으로 둘러싸인 마을이라서 구름이나 안개가 자주 낀 탓에 운리(雲里)라고도 부른다. 한편 쑥 붕어빵 가게가 있는 삼정지도 상운에 속한 자연 마을이다. 이곳 삼정지에서 홍룡교로 가는 세 갈래길 도로 진입에 옛 옥룡면사무소가 있었는데 그곳을 터서리라 부른다. 현재 면사무소의 위치는 상평으로 이전하였지만 옥

룡의 중심이 된 운평리라는 이름은 상운과 상평의 이름을 따서 붙이게 된 것이다.

"이 더위에 누구요?" 회관 안에는 어르신들이 모여 앉아 무더위를 식히는 중이었다. 방안에 계시던 어머니 몇 분도 빼꼼히 문을 열고 낯선 이를 맞아 주셨다. 동네 구경 왔다며 자랑거리 좀 들려 달라 부탁드리니 어르신들 눈빛이 달라졌다.

그중 동네 청년을 자청하신 이춘연 어르신이 벌떡 일어나 커다란 상패를 가져오신다. '광양시 아름다운 마을 가꾸기 발표회 대상'이라는 큼직한 글씨가 박혀 있다. 지금 이장이 해낸 업적이라며 5억이라는 큰 상금을 받아 마을 담을 예쁘게 단장 중이란다. 높은 곳에 자리를 잡은 동네라 시야가 넓어 전망도 좋다며 김순영(89세) 어르신도 한마디 거든다. 심지어 하늘만 보이는 날도 있단다.

상운이라는 동네 이름과 썩 어울리는 표현이라는 생각이 들었다. 산과 대숲이 마을을 둘러싸고 있어 겨울엔 아주 따뜻하다며 어머니들도 마을 자랑에 한마디 보태셨다. 앞 동네 상평보다 기온이 3도나 높아서 세상 살기 좋은 곳이라며 생긋 웃으신다. 무엇보다 아이들 학교 댕길 때 건너다닐 냇가나 언덕이 없어 마음이 편했단다. 한겨울에도 따뜻한 기운이 감도는 동네에 사셔서 그런지 미소마저도 여유가 있어 보였다.

앞서가는 동네

"저것이 뭔지 아요?" 이정연(86세) 어르신이 가리킨 것은 회관 천장에 매달린 네모 반듯한 기기였다. 저게 뭐더라 이름을 생각하고 있는데 "빔 프로젝트라는 것이다요!" 조금 높아진 목소리였다. 얼른 알려주고 싶고, 빨리 자랑하고 싶은 마음이 역력했다. "우와!" 필자는 감탄사를 연발하며 시골에서 쓰임새가 있냐고 물었다. "있다마다요. 마을 사람들 회의할 때도 다 모여 보는 거요. 저 하얀 화면 보이지요? 저기에 큼직하게 나와요." 우문현답이라는 말처럼 어리석은 질문에 당연한 답변이라 절로 고개가 끄덕여졌다.

이런 기계가 있는 마을은 전국에서 유일하다고 하시니 동네 자랑에 방점을 찍나 했는데 무선방송도 있다며 말씀을 또 이어가신다. 회관에서 이장이 방송하면 집안에서 편히 들을 수 있고, 외출에서 돌아와 재생 버튼을 누르면 재방송도 들을 수 있다는 거였다. 마을 주민 다수인 어르신들을 위해 이장님께서 방방곡곡을 뒤져서 산 기기였다. 앞서가는 마을은 어떤 모습일까. 최신기계가 설치된 것만으로는 부족하다. 자부심 가득한 어르신들의 표정을 보며 필자가 아낌없는 박수를 보낸 이유다.

어른의 품격

다음 날, 다시 찾은 회관엔 변동하 이장님께서 미리 와 기다리고 계셨다. 택시 운전을 하며 농사일과 마을 일까지 하시는 바쁜 분이다. "동네 주민들 다수가 노인들이라 무엇이든 어르신들한테 초점을 맞춰야 해요. 절도나 도난 방지를 위해 씨씨티비(CCTV) 일곱 대를 설치했고요. 어두운 길목엔 가로등도 스물세 개나 달았어요. 귀가 어

상운 마을 변동하 이장님

두운 어르신들이 많아 마을 일을 의논할 때는 직접 만나 상의합니다." 지금도 소홀한 점이 많아 열심히 노력 중이라는 이장님 표정에서 마을을 향한 순수한 사랑을 엿볼 수 있었다.

현재 상운 마을엔 귀촌 여덟 가구를 포함하여 48호가 오순도순 살고 있다. 최근에 있었던 마을의 기쁜 소식은 두 가지란다. 가장 고령자인 어르신이 100세를 맞았고, 같은 해에 상운 출신 시청 공무원 이혜숙 과장의 승진 소식이었다. 또 하나의 축복은 아기의 탄생이다. 국제결혼으로 라오스에서 온 젊은 색시가 아들딸 쌍둥이를 낳아 2022년 말 상운 마을 인구는 102명이 되었다. 동화책에서만 볼 수 있다는 아이들 뛰노는 농촌 풍경을 상운 마을에서는 눈앞에서 볼 수 있다.

상운 마을은 옥룡면에서 농가 수가 많은 편은 아니다. 하지만 경지 면적은 옥룡 전체 다섯 손가락 안에 들 정도로 부자 동네라고 어르신들이 힘주어 말씀하신다. 부(富)를 측정하는 나라 매상이 그만큼 많다는 뜻이다. 50여 년 전 어르신 두 분의 노력으로 중흥사 위 자연수를 끌어온 덕분에 물 걱정도 없는 동네다. "지금은 걱정이란 게 뭐 있겠어요. 젊은이들이 한 번 나가면 안 들어와서 걱정이지. 요즘 농촌 여건이 안 되니 이해는 하지만 집이 자꾸 비어가는 게 속상하지요." 동네를 위해 큰일을 해내신 최고령 어르신 두 분의 안타까움이 당부로 이해되는 대목이다.

요즘 농촌 문제를 논하자면 끝이 없다. 어느 마을이건 마찬가지다. 동네를 만들고 이끌어 오신 어르신들의 말씀 한마디, 마을 일을 책임지고 있는 지도자의 생각이 동네의 미래를 예측할 수 있는 척도가 될 수 있다. 동네 어르신들 쌈짓돈 꺼내는 게 안쓰러워 이장 세도 받지 않고 멋진 마을 만들기에만 골몰하는 이장님이 계시는 한, 불쑥 찾아간 외지인에게 고향의 앞날을 걱정하며 희망을 들려주는 어르신들이 계시는 한, 상운 마을은 새로운 꿈을 꿀 수 있다는 걸 확신한다.

역사가 있는 마을

언제부터인지 모르지만 필자는 마음이 분분할 때면 산사를 찾는다. 대웅전 한 바퀴만 돌아도 평정심을 찾는 데 도움이 되기 때문이다. 상운 마을 뒤쪽에 위치한 중흥사는 필자가 아는 한 광양에서 가장 멋진 절이

중흥사 전경

다. 구전에 의하면 신라 제48대 경문왕 때 도선국사에 의해 창건되었다고 한다. 국보 제103호로 지정된 〈중흥산성 쌍사자석등〉은 현재 국립 광주박물관에 있지만, 보물 제112호인 〈중흥산성 삼층석탑〉은 우아한 자태로 중흥사를 지키고 있다.

운이 좋으면 스님 한 분을 만나 사찰의 역사도 들을 수 있다. 험난하고 아픈 우리의 역사를 문화재로 들을 수 있는 귀한 시간이 될 것이다. 스님은 필자에게 '강희용' 이름 석 자만 수첩에 적어주고 법명은 끝까지 생각나지 않는다며 가르쳐 주지 않으셨다. 절 입구에서 왼편

으로 난 길을 따라가면 또다시 두 갈래 길이 나온다. 왼쪽은 광양에서 가장 큰 규모의 산성인 중흥산성으로 가는 길이고 오른편으로는 '물멍'하기 좋은 저수지가 보인다. 이곳이 원래 중흥사의 대웅전 터라고 하니 저수지가 예사롭지 않게 보인다. 저 바닥엔 무엇이 웅크리고 있을까. 크게 심호흡을 한 후 물속을 헤엄쳐 들어가면 어떨까? 역사의 한 장면과 조우할 수도 있다는 상상을 해본다.

내 마음속보다 더 따뜻하게

중흥사 뒷산 저수지

저수지 뒤쪽 숲길엔 저수지로 흘러 들어오는 작은 계곡이 있다. 졸졸 흐르는 물길 따라 걷다 보면 사방이 소나무와 편백나무로 둘러싸인 숲에 이른다. 들려오는 건 물소리, 바람 소리, 새소리, 서걱서걱 나뭇잎 소리, 그리고 펄쩍 뛰는 개구리 숨소리뿐이다. 아늑하고 포근하다.

필자는 문득 상운 마을의 시작은 이곳일지도 모른다는 생각을 해 본다. 노거수와 녹차와 대숲이 어우러져 마을을 싱싱한 빛으로 감싸는 동네, 사찰과 교회가 공존하며 마음을 나누는 동네, 멋진 카페가 두 곳이나 있어 차 한 잔의 여유와 낭만을 즐길 수 있는 동네, 구름이 뭉게뭉게 꽃잎 되어 하늘을 수놓는 동네, 이곳에서 나고 자란 어르신의 말씀 한마디가 큰 울림으로 남는다.

"우리는 상운을 찾는 여러분들을 내 마음속보다 더 따뜻하게 맞이합니다."

글·사진 방승희

순한 사람들이 사는
하운(下雲) 마을

가끔 시골로 가는 마을버스를 탈 때가 있다. 승객 대부분은 어르신들이다. 창밖 풍경을 보며 가다 보면 차에서 나누는 이야기가 저절로 귀에 들어온다. 농사일로 시작된 이야기는 끝도 없이 이어진다. 말로만 들었던 사랑방에 앉아 있는 느낌이다. 마을의 대소사며 이웃의 건강 이야기, 누구네 자식 승진 소식까지 주거니 받거니 쉼 없이 이어진다. 분명 타는 곳이 달랐는데 모두 한동네 사는 것처럼 호응하고 소통한다. 그러다 문득 "잘 가쇼." 한 마디 툭 던지면 이야기가 끝난다. 한 분이 내릴 때가 된 것이다. 이번 마을 정거장은 하운 마을이다.

행복? 몰라!

하운 마을은 옥룡면 소재지가 있는 운평리 4개 마을(상평, 하평, 상운, 하운) 중 하나이다. 마을 이름의 원뿌리는 굴물(堀勿)이며, 그 의미는 산골짜기라고 한다. 산으로 둘러싸여 구름이나 안개가 자꾸 껴 운리(雲里)라고도 하였는데, 1912년 이전 웃굴몰 상운 마을과 분리되면서 아랫굴몰 즉 하운 마을이라 부르게 되었다.

하운 마을 전경

　마을이 자리 잡은 곳은 봉강면 부저리로 넘어가는 가무고개 아래다. 동네 입구 하운 마을 표지석을 지나면 옹기종기 모여 사는 작은

하운 마을 회관

마을이 나타난다. 남쪽엔 나지막한 남산이 바람막이 역할을 하고 있다. 마을 회관에서 바라보면 정면으로 보이는 동네가 면 소재지 상평 마을이다.

　햇볕이 내리쬐는 오후에 하운 마을 회관을 찾았다. 회관 옆에 놓인 평상에 어머니 한 분이 앉아 계셨다. 알록달록 꽃무늬 옷이 눈에 먼저 들어왔다. 밀고 온 유아차도 옆에 보인다. 땡볕을 피하고 계신 듯 했다. 동네 어귀부터 사람을 볼 수 없어 아쉬워하던 터라 무척이나 반가웠다.

인사를 드리고 뭘 하시
냐 물었더니 그냥 앉아 계
신단다. 우리는 마주 보고
하하 호호 웃었다. "요즘
하시는 일은요?" 했더니
아무 일도 안 하신단다. 허
리가 아파서 할 수가 없단

좌로부터 조희남, 김복남, 이도순 어르신

다. 어디가 고향이냐고 물었더니 고개를 갸우뚱했다. 어디서 시집왔
냐고 다시 여쭈었다. "저어그 우게." 하시며 손가락으로 서쪽을 가리
켰다. "아, 저어그요?" 필자도 같은 방향을 가리키며 또 한 번 크게 웃
었다. 연세를 물으니 "여든 서인가, 너인가, 잘 모리겄네." 하시며 샐쭉
웃으신다. 어린애처럼 귀엽고 사랑스러운 어머니는 83세 이도순 어르
신이다. 자식들은 객지로 다 떠나 혼자 살고 있지만 물 맑고 공기 좋
은 동네에서 사니 세상 좋다 하신다.

그렇다면 가장 힘든 순간은 언제였을까. 어르신의 눈동자가 커지며
목소리도 갑자기 높아졌다. "애기 업고 산에 나무 심으러 다녔제. 돈
을 못 내믄 일을 혔어. 애기 봐 줄 사람이 없응게. 동네 사람들 다 다
녔어." 30여 분 얘기 나누는 동안 가장 긴 답변이었다. 그만큼 고통스
러운 세월이었다는 것을 말씀으로 증명한 셈이다. 그 당시 울력이나
세금 관련 노동이 아니었을까 추측할 뿐이다. "그러면 저어기 백운산
에 엄니가 심은 나무가 많겠네?" 분위기를 전환하려고 여쭈었더니 활
짝 웃으며 "그러것제!"라고 하신다. 이런 이야기를 자식들에게 해 본
적 있느냐 물었더니 고개를 저으셨다.

문득 어르신의 가장 행복했던 순간이 궁금해졌다. "행복? 몰라!" 너

무 짧은 답변에 당황하는 필자를 두고 어르신이 자리에서 일어나셨다. 유아차에 의지하며 한 걸음 한 걸음 걸을 때마다 치마에 그려진 꽃도 한들한들 따라 걸었다. 저만큼 어르신 세 분이 보였다. "다 좋았어!" 유아차를 밀며 함께 걷는 필자에게 어르신의 목소리가 들려왔다. 동백꽃이 툭! 무심한 듯 또렷한 어르신의 목소리를 가슴으로 받았다.

이웃 보고 천 냥 줬어!

"집 얘기 나옹께 진짜 울컥허요." 허리도 꼿꼿하고 목소리도 우렁찬 나순애(78세) 어머니는 금방이라도 울음보를 터트릴 것 같았다. "시집을 왔는디 집이 없어서 상평 봇도랑에 오두막집을 지어 살았소. 도랑가이다 보니 어쩌것소. 구들장에 물이 들어오더란 말이요. 그렇께 집이 얼음 속 아니겠소. 그 속에서 애기들 셋을 낳았소. 여름에는 비만 오면 떠내려갈까 걱정을 얼마나 했는지 모리요. 집 없는 설움, 하천에서 사는 설움을 어찌 다 말로 하것소." 쉼 없이 쏟아내는 말씀을 들으면서 필자는 그저 안타까운 한숨만 쉴 뿐이었다.

어르신의 얘기는 여기서 끝나지 않았다. 도랑가 집은 시작에 불과했다. 이후 지금 사는 세 번째 집을 짓기까지의 과정은 드라마 한 편을 만들어도 부족할 듯했다. 어르신 스스로도 배움이 있었다면 책 몇 권을 썼을 것이라 했다. 돈이 없어서 사촌 시숙의 도움을 받아 집을 지었는데 그 돈이 요즘 말로 치면 일수였다. 즉 시숙이 빚을 얻어 다시 빌려준 돈이었다. 이 빚의 특징은 장날이면 꼬박꼬박 갚아야 하는 것인데, 시숙에게 돈을 주면 제날짜에 전달이 되지 않았다.

다들 먹고 살기 힘든 시절이기도 하고, 시숙이 일하느라 장날을 잊어버리는 것도 문제였다. 날짜 맞춰 돈을 주었으니 어련히 잘 갚고 있으려니 믿었단다. 그동안 이자가 붙어 빚이 산더미처럼 늘었다는 것을 한참 후에야 알았다. 결국 3년이면 끝날 것을 무려 10년이 걸러서야 그 빚을 다 갚을 수 있었단다. 얼굴이 벌겋게 달아오르며 하소연하듯 들려주는 어르신에게 필자가 할 수 있는 건 고개 끄덕이며 맞장구치는 것뿐이었다.

맺힌 게 많았을까? 어르신의 이야기는 한 시간이 넘게 이어졌다. 그렇다면 이토록 슬프고 한스러운 삶을 지금까지 어떻게 지탱하고 사셨을까? "한마디에 풀었제. 미안하다고 해서." 어떤 일이든 그랬다고 했다. 그래서 동네 언니들과 다 친하다며 모처럼 활짝 웃었다. 옆에 계신 동네 언니들도 고개를 끄덕였다.

"여순 반란 사건 때 저어그 까목재(가무고개)서 사람이 많이 죽었어. 지금은 큰길이 나서 덜 무섭지만 그래도 밤에는 싫어." 동네 언니 중 한 분인 조희남 어르신의 말씀이다. 우리의 아픈 역사 여순사건의 비극이 하운마을에서도 있었다. "지금은 괜찮어. 회관 지어서 좋고 불편한 것이라곤 하나도 없어. 우리는 이웃 간에 참 행복혀. 얼마나 좋으면 진상우체국장이 우리 동네로 이사를 왔것능가." 이번에는 동네 언니 김복남 어르신이 한마디 보태셨다. 이때 네 명 중 막내 나순애 어르신이 마침표 같은 말로 마무리를 지었다. "우리는 이웃 보고 천 냥 줬어!"

합시다? 그럽시다!

이용재(75세) 이장을 기다리는 동안 할아버지 한 분이 수레를 끌고 지나가셨다. 인사를 드려도 못 들으셨는지 터벅터벅 저만큼 멀어졌다. '이 더위에 어디에 쓰려고 나무를 저렇게 하는 걸까?' 혼잣말처럼 읊조린 의문은 금방 풀렸다. 이웃 할머니의 부탁을 받아 도

하운 마을 이용재 이장님

와드리는 중이라 했다. 너도나도 모두 노인이라 기운은 부족하지만 그나마 조금이라도 나은 분이 도와주고 있었다.

"우리 동네는 순해요." 이용재 이장은 문장 하나로 동네를 정의했다. 이어서 하신 말씀도 어르신들이 합창하듯 하신 말씀과 차이가 없었다. 총 33가구 85여 명의 주민이 사는데 다른 동네와 큰 차이점이 하나 있었다. 빈집이 나오면 곧 새 주인이 나타나는 것이다. 그래서 빈집도 없고 인구 변동도 가끔 있다. 동네가 정말 좋아서 그런 것 아니냐는 필자의 물음에 땅값이 적당해서 그렇다고 현실적인 답을 주셨다. 참 솔직담백한 이장님이라는 생각이 들었다.

"우리 동네는 해가 바로 뜹니다." 처음 들었을 땐 이해하기 힘든 말이었다. 하지만 이른 아침 하운 마을에 가보면 저절로 미소가 지어진다. 무엇 하나 거칠 것 없는 넓은 들판에 붉은 해가 둥실 떠오른다고 생각해 보시라. 어떤 해라도 우물쭈물 해찰하거나 망설일 수가 없다. 큰 태풍이 와도 끄떡없단다. 마을 뒤쪽 고개와 옆에 있는 산들이 막아주니까. 해넘이도 정확하다는 말씀 안에는 마을 일을 맡고 있는 책

임자로서의 감정이 담겨 있었다. 마을 길 포장도 마쳤고, 농로 정리도 끝나가고, 회관도 새로 지었으니 크게 바라는 것도, 부탁할 것도 없단다. 다만 마을 숙원사업만 잘해 주길 바란다고 당부하셨다. 마지막 말씀은 역시나 동네 자랑이다. "우리 동네는 단합을 잘합니다. '합시다?' 하면 '그럽시다!' 합니다." 필자는 하운 마을에서 단합의 행동 지침 하나를 배웠다.

취재를 마치고 마을을 한 바퀴 돌다가 어르신들이 말씀하신 우체국장 댁 대문 앞에서 걸음을 멈추었다. 멀리 한눈에 들어온 하운 마을 풍경을 보며 왜 이곳으로 이주하셨는지 이해가 되었다. 언덕을 올라가 가목재(가무고개)에 이르러 다시 마을을 내려다보았다. 초록 바다처럼 펼쳐진 하운 들판에 백로와 왜가리가 춤을 추듯 날아가고 있었다. 너울너울 오르락내리락 앞서거니 뒤서거니 둘 사이엔 어떤 경쟁도 다툼도 없었다. 자연스럽게 날 뿐이다. 원래 큰 깨달음엔 대단한 수식어가 붙지 않는다. 미사여구는 더더욱 볼 수 없다. 오랜 세월, 인고의 삶을 살아오신 어르신의 말씀 한마디가 귀하고 소중한 이유다.

글·사진 방승희

2부

옥룡의 심장부,
상평(上坪) 마을

  우리 몸의 장기 중 '심장'은 생명체의 가동을 책임지는 핵심적인 역할을 한다. 산소와 영양분을 실은 혈액을 전신으로 흐르게 해주는 중심 기관이기 때문이다. 이런 이유로 중심이 되는 곳이나 중요한 사물을 비유적으로 이를 때는 심장, 심장부라는 단어를 사용하기도 한다. 그렇다면 옥룡의 중심은 어디일까? 그 심장부를 찾아 한여름 뙤약볕 아래로 들어갔다.

  옥룡면사무소의 위치는 신재로, 행정구역상 운평리에 속한다. 봄이 되면 연분홍 벚꽃을 흐드러지게 피우는 수양벚나무가 주민을 맞는

상평 마을 전경

다. 이 나무를 바라볼 수 있는 위치에 농협, 우체국, 경찰서 치안센터, 소방서 출장소, 보건지소, 초등학교가 있다. 최근 완공한 교육문화복지센터에서는 주민에게 다양한 체험 기회를 제공하고 있다. 바로 옥룡의 중심 상평 마을 이야기다.

상평 마을은 1500년경 인동(仁同) 장(張)씨·청송(青松) 심(沈)씨·이천(利川) 서씨(徐) 3성 씨가 입촌하여 터를 잡고 마을을 형성하였다고 전한다. 상평이라는 이름은 문헌상 처음 이름인 평촌(坪村)에서 유래한다. 산기슭에 자리 잡은 이웃 상운·하운 마을과 비교하여 그 위치가 옥룡 천변에 넓게 펼쳐진 뜰에 자리 잡은 마을, 즉 평뜰에 있는 마을이라 하여 평촌(坪村)이라 하였다. 상평(上坪)은 웃평뜰에 자리 잡은 마을이란 뜻이다. 백운산에서 흘러온 옥룡천은 상평의 동쪽으로 흐르며 들판을 살찌운다. 장마가 끝난 요즘은 물줄기 따라 옥룡이 들썩인다. 웅장한 계곡 물소리와 사람이 하나 되는 시간, 뜨거운 여름이다.

우리 동네는 도시랑 마찬가지여

"오메 누구당가?" "어쩐 일이당가?" "어디서 왔당가?" 땀을 닦는 필자를 어르신들이 노래하듯 반긴다. 회관 밖 찜통더위는 딴 세상인 듯 표정이 밝다. 상평 마을 구경 왔다 했더니 "이것 좀 묵어 봐." "요것도 묵어 봐." "이것이 더 맛있당께." 자꾸 음식을 내놓는다. 뭔가 다르다. 얼굴도 발그레 복숭앗빛이다. 시종일관 환히 웃으신다. 여느 동네와 달리 활기가 넘친다. 20여 명의 어머니들이 나만 바라보고 둘러앉으니 누구에게 무슨 말을 꺼내야 하나 망설여진다. 이쪽에서 묻는 말에 대답하고, 권하는 주스 한 모금 마시고, 저쪽에서 부르면 또 대답하고, 누군가 불쑥 한마디에 까르르 웃기를 반복하느라 필자는 어느 순간 방문의 취지도 잊어버렸다.

"우리 동네는 48가구 80여 명쯤 사는디 매달 17일이면 청년회, 노인회, 남자 여자가 다 모여 밥을 해 먹소. 다 모이면 50명이 넘으요." 머리를 단정하게 빗은 서경순(84세) 어머니가 큰 목소리로 상황을 정리한다. 자신이 아직 젊어 노인들 섬기고 밥을 해 드릴 수 있어 기쁘단다. 회관에 모인 이 중에서 가장 젊은 색시는 여든둘이다. "매월 말토요일엔 젊고 늙고 할 것 없이 다 황토방에도 간당게." "우리는 여그서 전래동화도 듣고 요가도 혀." "글제, 요렇게 요렇게 백세 운동도 하고 치매 운동도 허제." "차 다니는 길 건너는 교육도 헌당게." "이렇게 마실 나와 노는 게 제일 좋아." "여그는 특별히 좋고 나쁜 사람도 없어. 다 잘 허고 산게." "우리 동네는 도시랑 마찬가지여." "맞어. 차 타기 좋고, 차도 많고, 면사무소랑 조합도 가깝고, 궂은 것이 하나도 없어." 앉은 순서대로 말씀이 이어진다. 말꼬리 이어가는 재미난 놀이 같다.

회관에서 만난 어르신들

가장 연세가 많은 이말순(95세) 어머니도 "좋은 것도 모자란 것도 없어. 그동안 세월만 흘렀제." 읊조리듯 말씀하셨다. 연세가 믿어지지 않을 만큼 고운 얼굴이라 "농사일은 안 하셨나 봐요?" 나지막이 물었더니 세상 좋아진 줄도 모르고 일만 하셨단다.

나이 들면 어디서 살아야 하나

"이제는 천지가 아퍼. 젊어서는 애기 키우는 재미로 살았는디 이제는 아퍼서 죽었으면 좋것어. 안 죽어서 탈이여." 뒤쪽에 앉아계시던 어머니의 갑작스런 말에 회관이 야단법석 들썩였다. '처녀가 시집가기 싫다, 노인이 얼른 죽고 싶다, 상인이 밑지고 판다'는 한국의 3대 거짓말을 예로 들며 한참을 옥신각신하더니 "자식들 고생시키면 안 돼야!"로 의견이 모아졌다. 겉으로 보기엔 훈훈한 마무리였다. 어미란 이런 것, 아무리 세상이 변해도 부모라는 이름엔 공통 분모가 있다.

마음 한쪽 애잔함을 달래려고 상평에서 가장 좋은 곳을 알려 달라고 했더니 이구동성 '보건소'라고 외친다. 풍경 좋은 곳을 상상했던 필자에게 보충 설명까지 해주신다. 침 놔 주고, 약 주고, 물리치료까지 해주는 곳이 제일 좋은

유정식당 지경수 씨

곳이란다. 집에서 가깝고 돈도 안 받아 더 좋단다. 나이 들면 어디서 살아야 하나. 그 해답을 상평 어머니들께 들은 것 같다. 앞으로도 늘 건강하게 지내시라며 작별 인사를 하자, 늙은이들 말 들어줘 고맙다고 하신다. '고맙다'는 말은 언제나 힘이 세다. 쪼글쪼글 어머니들 손마디에서 전해지는 울림이 필자의 심장을 쿵쿵 뛰게 한다.

회관을 나와 상평의 한복판에서 유정식당을 운영하는 지경수(70세) 씨를 만났다. "식당 한 지 34년 되었는데요. 사람 살기 무난한 곳입니다. 옆에 냇가 있지, 공기 좋지, 관공서 가깝지, 범죄 없지, 좋은 점이 아주 많아요." 장사는 잘되냐고 물었더니 인상 좋은 얼굴이 더 밝아

졌다. "사는 데 지장 없으면 됐지요. 가끔 노인당에 밥이랑 찌개 끓여 드리긴 하는데… 이런 말 해도 되나 모르겠네." 쑥스러워하면서도 여전히 싱글벙글이다. 선행은 널리널리 알려야 한다며 필자는 엄지손가락을 세워 감사를 표했다.

상평길을 걸을 때는

상평 마을 이찬주 이장님

이처럼 활기차고 열정 넘치는 상평 마을엔 어떤 이장님이 계실까. 교장 선생님 같은 근엄한 표정에 너털웃음을 짓는 이찬주(76세) 이장님을 옥룡초등학교 앞에서 만났다. "상평 여자들은 기운이 넘칩니다. 젊은이들 같아요." 조금 전 회관의 모습이 떠올라 필자는 물개박수를 치며 웃었다. "우리 마을은 인구가 계속 줄고 있어요. 산 아래 동네는 비탈진 곳에 집 지을 장소라도 있지만 우리 마을은 벌판 가운데 있어 집터로 적당치 않아요. 집값마저 높아서 이주를 원하는 사람도 없고요." 금세 이장님의 안색이 어두워졌다.

"요즘 이주자들이 넓은 집을 선호하는 것도 문제입니다. 세 가구 집이 헐려 겨우 한 채가 지어지는 상황이죠." 하지만 가장 시급히 해결한 일은 따로 있다고 한다. "정화조 시설을 준공하는 일이에요. 동네 골목길도 확장해야 하고요. 화재가 나면 소방차가 들어올 수가 없어요. 여러 가지 상황이 얽혀 참 어렵습니다." 상평 한복판 얼기설기 늘어진 전선만큼이나 복잡한 것일까. 긴 한숨으로 현재의 심정을 대신했다.

"제가 상평 이장이 아닌 옥룡 대표로 한 가지 말씀드릴 게 있어요. 창덕에서 산본 모퉁이를 돌아 삼정지까지 4차선 도로가 생긴다고 합니다. 그런데 들려오는 말에 의하면 천변 따라 새로운 길이 만들어진다고 해요. 면 소재지를 벗어나 다른 쪽에 새로운 길을 만드는 거지요. 이건 비용이 들더라도 재고했으면 좋겠어요."

대도시의 도심공동화 현상을 생각하시냐 물었더니 고개를 끄덕이셨다. 산 너머 이웃 동네와 똑같은 일이 벌어지면 어떡하냐고 되레 물으신다. 오직 상평 마을만을 위한 생각이 아니라는 뜻이다. 우리는 건강을 체크할 때마다 심장의 중요성을 깨닫는다. 옥룡의 심장 역할을 하는 상평을 살리는 노력은 몇몇 특정인만으로는 불가능하다. 문득 궁금해진다. 상평 마을 이장이 책임져야 할 고뇌의 무게는 얼마쯤일까.

잠깐이라도 마을 걱정 내려놓고 자랑거리를 들려 달라 하니 그제야 얼굴이 밝아진다. "마을에 행사가 있으면 단합이 잘 돼요. 재정이 바닥날 상황이 되면 금방 채워집니다. 주민들도 협조를 잘 하지만 외지에 살고 있는 청년들도 늘 관심을 가지고 도와줍니다." 이런 마음에 보답이라도 하듯, 이장님은 아침마다 동네 길가를 청소한다. 길을 쓸고, 풀을 뽑는데 밥알이 떨어져도 주워 먹을 정도로 깨끗해야 만족하신단다. 상평길을 걸을 때는 조심하시라. 특히 담배꽁초를 함부로 버리는 사람들은 혼쭐이 날 수도 있다.

함께, 더불어 행복한 세상을 꿈꾸며

옥룡초 문정식 교장 선생님과 학생들

뭉게구름이 백운산 줄기에 그늘을 드리웠다. 날아오던 새들이 그늘 속에 안긴다. 수업 시작을 알리는 음악이 옥룡초에서 들렸다. "'행복하게 살기'가 교육목표입니다." 옥룡초등학교 문정식(55세) 교장 선생님의 첫마디다.

"미래에 행복하려면 자신을 먼저 알아야 해요. 그래서 아이들 스스로 본인들이 좋아하는 것을 찾아 연구하는 중입니다."

90명 전교생이 참여하는 학술제를 준비 중이다. "우리 논리 문학팀은 교장 선생님께서 지도해 줘요." "독후감의 중요성을 알게 돼 보람이 있어요." "논리라는 게 처음엔 힘들었지만 발표 준비를 하면서 재미를 느꼈어요." "제가 정한 주제는 '시로 남기는 나의 흔적'이에요. 뿌듯하고 좋아요." 아이들의 야무진 소감이 필자의 귀에는 '우리는 행복해요'라고 들린다.

학교를 나오면서 교정에 있는 〈7 의사 3.1운동 기념비〉를 둘러보았다. 어린 나이로 일제에 항거했던 이유는 오직 하나, 우리 모두의 행복이었을 것이다. 함께 더불어 행복한 세상은 영원한 우리의 과제다. 우리의 미래이며 희망인 아이들이 행복하다며 웃는다. 쌩쌩 운동장을 달린다. 쿵쾅쿵쾅 심장이 뛴다. 힘찬 상평의 소리를 오랫동안 들을 수 있기를 바란다.

글·사진 방승희

외할머니 집처럼 아담하고 정겨운
하평(下坪) 마을

　어느 해 겨울 방학 전날이었다. 필자는 아이들에게 물었다. "방학 때 특별히 가고 싶은 곳이 있나요?" 가장 먼저 손을 든 아이가 큰 목소리로 외쳤다. "시골 할머니 집이요. 할머니 군고구마가 제일 맛있어요." 아이는 하얀 눈이 내리는 할머니 집이 우리나라에서 제일 좋은 곳이라는 말도 덧붙였다. 아이 마음은 벌써 그곳으로 달려가는 듯했다.

구슬을 품은 마을

하평 마을 전경

하평 마을은 옥룡면 운평리(雲坪里)에 속한다. 1500년경 이천 서씨 (利川徐氏) 형제가 상평(上坪)마을에 입촌하여 살다가 두 형제가 분가 하면서 동생이 이곳 아래쪽 마을(下坪)에 정착하였다고 전해진다. 이런 사실을 증명이라도 하듯 하평 마을 입구엔 다른 동네에서는 볼 수 없는 제각이 있다. 이천 서씨(利川徐氏)의 재실(향선재)로 매년 음력 2월에 제사를 지내고 있는 옥평사(玉坪祠)다.

'하평'이라는 이름은 문헌상 처음 기록된 평촌(坪村)에서 찾을 수 있 다. 산기슭에 자리 잡은 굴몰·상운·하운 마을과 비교하여 그 위치가 옥룡 천변 넓게 펼쳐진 뜰에 자리한 마을, 즉 평뜰에 위치한 마을이 라 하여 평촌(坪村)이라 하였다. 하평(下坪)은 위치상 평뜰 아래에 자리 잡은 마을이란 뜻이다. 이런 사실에 비추어 보면 '옥평사'는 옥룡의 옥(玉)과 하평의 평(坪)을 가져와 붙인 이름인 듯하다. 마을 입구에 이런 사당이 세워진 것도 우연은 아닐 것이다. 구슬을 품은 마을? 생각이 여기에 이르자 마을을 찾아가는 필자의 마음이 바빠졌다. 옛이야 기에서나 나오는 구슬을 찾아야 하니 말이다.

하평 마을 회관

마을로 들어가는 들판은 온 통 초록빛으로 출렁인다. 마음까지 초록으로 물들이고, 길가 개구리들 뜀박질 몇 번 보고 나니, 저만큼 맵시 좋은 큰 나무가 눈에 들어온다. 가 까이서 보니 마을에서 흔히 보는 나무가 아니다. 늦봄엔 연한 자주 색 꽃이 피고, 가을엔 멀건 빛깔의 구슬 닮은 열매가 열린다 하여 이 름이 붙은 '멀구슬나무'다. 꽃이 예쁘고 열매가 귀여워 필자의 글과 그럼에도 가끔 등장했던 나무다. 줄기, 뿌리, 열매가 모두 약재로 쓰이며 살충제로도 큰 효과가 있다고 한다. 자연에 큰 해를 끼치지 않고도 해충을 없앨 수 있으니 동네 지킴이 나무로 안성맞춤이다. 마을 입구에 이런 나무를 심은 어르신들의 지혜와 안목에 감탄하며 필자도 몸에 묻은 먼지를 털고 옷깃을 가다듬었다.

"날 더운데 뭐하셔요?" 어머니 두 분이 대문 앞에 앉아 부지런히 손을 놀리고 계셨다. 조말례(89세) 어르신과 주형덕(82세) 어르신이다. 뽑아놓은 완두콩 줄기에서 콩꼬투리를

왼쪽부터 조말례, 주형덕 어르신

따고 계셨다. 이미 따놓은 꼬투리도 바구니에 가득하다. "여그 할머니가 나를 도와주고 있어. 날마다 이것저것 다 도와줘서 참 고맙제." "그냥 심심혀서 혀. 낮에 놀면 밤에 잠이 안 와. 꼼지락거리는 지금이 참 좋아." 농사 안 짓는 조말례 어르신이 이웃에 사는 주형덕 어르신의 일을 돕고 계시는 중이었다. 환히 웃는 그 모습이 좋아 필자도 따라 웃었다. 그 순간 닭장의 수탉이 "꼬끼오!" 목청을 높였다. 푸다닥 소리가 나는 걸 보니 암탉이 알을 낳은 것 같다. 닭장 옆 뽕나무에 열린 오디가 더 까맣게 익어가는 오후다.

너도 좋고 나도 좋고

여기저기 하평 마을의 고양이들도 나타났다. 사부작사부작 걷는

한 마리를 따라가니 마을 회관이다. "우리 동네는 논 한가운데 있어 자랑거리도 없고 특별한 것도 없어요." 마을 일을 맡고 계신 성낙원 (67세) 이장의 짧은 인사말이었다. 마을에 가면 이장님들의 한결같은 말씀이라 필자는 소리 내어 웃었다. 이제부터 마을 자랑 시작이라는 예고장 같은 것이기 때문이다.

성낙원 이장님과 마을 주민

"우리 마을은 박옥근 전임 이장이 마을 가꾸기 공모 사업으로 5억을 받았어요. 7월부터 마을 돌담 쌓기 사업을 추진할 테니 기대해 주시고요. 다음 주에는 주민 화합 한마당 잔치를 할 겁니다. 마을 공동 꽃길 조성 사업 4개 마을에도 선정되었어요. 3년 예약이에요. 곧 마을 진입로가 꽃길이 될 겁니다." 이것만으로도 대단하다는 필자의 추임새에 성낙원 이장은 "우리 동네는 저 들판 건너 우물터가 있어요. 지금은 사용하지 않지만 시집온 새색시들이 이른 아침부터 줄지어 물동이를 이고 날랐다는 우물입니다. 그 물로 밥을 지었으니까요."라고 덧붙였다. 필자는 문득 유년 시절이 떠올라 호흡을 가다듬었다. 물 긷는 엄마 옷자락을 붙들고 따라 간 우물가는 웃음꽃이 피는 장소였다. 하하 호호 동네 어머니들의 웃음소리가 잠시 귓가에 맴돌았다.

"청동기시대 유물인 지석묘군이 있는 곳에 당산나무 세 그루가 있었어요. 그중 광양 대표 노거수로 표지를 장식했던 수령 500년의 느티나무가 있었는데요. 안타깝게도 썩어서 베어냈어요. 동네 수호신으로 삼을 대체 나무가 필요합니다." 성낙원 이장은 동네 사람들의 바람도 전했다. 담담하게 듣고만 계시던 박우규(76세) 어르신이 말씀을 이어가셨다. "우리 동네는 조그만 해요. 보릿고개도 넘겼는데 이젠 좋은 일만 생길 거예요. 너도 좋고 나도 좋고 마음으로 살아요. 당산나무 아래가 공원처럼 꾸며졌으면 하는 희망은 있는디…" 말꼬리를 흐리는 어르신 옆에서 김계수(78세) 어르신과 이상호(81세) 어르신도 같은 마음인 듯 고개를 끄덕였다. 마을 주민의 편한 쉼터 겸 학생들의 소풍 장소, 이곳에서 어르신들과 아이들이 자연스럽게 어울릴 수 있는 아담한 역사 공원이면 충분하지 않을까. 필자도 어르신들의 소망에 마음을 보탰다.

100년이 넘은 유적들

마을 이야기를 조금 더 자세히 들으려고 박종윤(78세) 어르신 집을 찾아가는 길이었다. 골목길에 들어서자 흙과 돌로만 쌓은 담이 길게 이어졌다. 시대를 거슬러 과거 어느 지점에 이른 기분이다. 자연석 커

정옥기 어르신 댁 마당에 있는 복바위

다란 돌을 그대로 이용하여 쌓은 담도 보였다. 마당 한가운데엔 집채만 한 바위가 자리를 차지하고 있었다. 일명 '복바위집'이라는 불리는 정옥기(89세) 어르신 댁이었다.

"우리 동네 돌담은 100년이 넘었어요. 지석묘라 부르는 돌도 하평 곳곳에 있고요. 하지만 집안이나 집 근처에 있어 많이 조심스럽지요. 밖에서는 문화재라 하지만 우리는 쉽게 말할 수 없는 게 우리 동네의 사정이랍니다." 박종윤 어르신의 낮은 음성 속에 마을 어른으로서의 고뇌가 엿보였다. 문화재로 지정 후 일어날 많은 문제를 염려하시는 모습이라 필자는 고개만 끄덕일 수밖에 없었다. "작은 마을이라 마을에 큰 풍파는 없었어요. 우리 마을 가장 큰 경사라면 윗동네 상평에서 독립해서 자연부락이 된 일이에요. 그 후 마을 문제를 직접 요구하고 해결할 수 있게 됐어요." '독립'이라는 단어에 힘이 실린 걸 보면 하평 마을의 오랜 숙원이 해결되었다는 뜻일 것이다.

친절한 마을 안내자 박종윤, 최맹례 씨 부부

"마을 안길이 좁아 통행도 불편하고 주차도 어렵지만 마을 가꾸기 사업으로 해결할 거라 믿습니다. 마을 하천도 넓혀 지금은 폭우가 와도 큰 걱정이 없어요. 예전에는 비가 많이 내리면 중흥사 보에서 떨어지는 물줄기가 백마가 달려오는 것 같았어요." 제아무리 귀하고 아름다운 것도 상황에 따라 해석이 달라지는 법, 예술 영역에서는 멋지게 묘사하고 있는 백마도 현실에서는 두려운 대상이 될 수 있겠다는 생각을 처음으로 해 보았다.

긴 시간 말씀을 나누는 동안 사모님은 잠시도 앉아 있지 않으셨다. 수박을 쟁반 가득 썰어 주시더니 음료수와 커피를 슬쩍 밀어주시고 감자까지 삶아 오셨다. 정이 담긴 포슬포슬한 햇감자를 맛나게 먹었다. 잠깐 앉아 하평에서 살아온 이야기를 들려주시라 부탁했더니 동네가 아담하고 모난 사람이 없어 살기 좋다 하신다. 바라는 것을 여쭈었더니 젊은 엄마들이 이사 왔으면 좋겠다는 부탁으로 대신했다. 25가구 40여 명이 사는 동네라 정겹게 살 수 있다는 점을 강조하셨다.

할머니 집에 가고 싶다

마을을 돌아 나오는데 그때까지도 어르신 두 분이 콩꼬투리를 따고 계셨다. 무거운 콩 바구니를 두 분이 함께 날라서 금방 끝냈다고 서로 마주 보고 웃으신다. 앞으로도 계속 그렇게 사실 거란다.

필자는 하평 취재를 다녀온 며칠 후 사진 몇 장을 건네받았다. 동네 주민 화합 한마당 잔치 장면이었다. 마을 회관 앞에 모인 동네 사람들은 음식을 나누고 함께 어우러져 춤추며 노래 불렀다. '행복은 이런 거야'를 보여주는 듯했다.

뜨거운 여름방학을 보내고 있는 우리 아이들은 지금쯤 어떤 시간

속에 있을까. 학원을 오가며 지쳐가는 아이들에게 필자는 살짝 귀띔
해 주고 싶다.

  '동화 속 그림 같은 오래된 동네가 보고 싶니? 흙 돌담 사이 숨어 있
는 예쁜 구슬을 찾고 싶니? 품에 꼭 안고 토닥여준 할머니가 보고 싶
지 않니? 그럼 하평 마을로 달려가렴.'

글·사진 방승희

인심 좋고, 인물이 많은 추동 마을

대학 1학년 여름방학에 여고 친구들과 무주구천동에 놀러 갔다. 그곳에 머무는 사흘 내내 비가 내렸다. 민박집에서만 시간을 보내다가 여행 마지막 날에 부슬부슬 내리는 비를 맞으며 백련사까지 걸었다. 계곡을 타고 오르면서 그 유명한 무주 구천동은 언제 나오는 거냐며 푸념했다. 그도 그럴 것이 명성에 걸맞지 않게 그곳은 실개천이었다. '금강산 중은 금강산 좋은 줄 모른다더니' 우리가 그 꼴이었다. 물 많고 깨끗한 동곡 계곡을 지척에 두고도 우물 안 개구리로만 살아온 광양 여자 여섯은 그 가치를 몰랐던 것이다.

이제는 안다. 햇빛 고을인 데다 백운산을 끼고 있어 1년 내내 마를 일 없는 샘을 가진 천혜의 땅이 광양이라는 것을. 백운산에서 나는 임산물, 섬진강과 남해에서 나는 풍부한 식재료로 산해진미를 만들 수 있는 곳이 바로 내 고향 광양이라는 것을. 한 번 들으면 잘 잊히지 않는 투박한 광양 사투리마저도 정겹게 들리는 건 필자가 그만큼 나이를 먹은 탓일 게다.

옥룡면사무소를 지나 골짜기를 타고 오르면 다리가 나온다. 다리를 건너 오른쪽으로 가면 죽천리와 동곡리, 직진하면 추산리를 만난다. 그곳은 오른쪽 골짜기보다는 작지만 천 년 숲 동백림과 1년 열두 달 시민들의 편안한 산림욕장이 되어 주는 백운산 자연휴양림이 있다. 그뿐이랴. 비 오는 날이면 파전과 동동주, 두부김치만으로도 분위기를 낼 수 있으며 성공한 농촌 체험학습장으로 인기를 끌고 있는 도선국사 마을도 있다.

1914년 행정구역 개편으로 추동리(秋洞里), 상산리(上山里), 중산리(中山里), 하산리(下山里)가 합쳐지면서 추산리(秋山里)가 되었다. 법정리인 추산리에는 세 개의 마을이 있는데 추동 마을, 상산과 중산이 합쳐진 양산 마을, 그리고 하산리에서 이름이 바뀐 외산 마을이 있다. 오늘은 세 마을 중 가장 큰 마을인 추동 마을을 중심으로 이야기를 풀어 간다.

추산리에 들어서면 왼쪽으로 서울대학교 농업생명과학대학 남부학술림이 자리한다. 서울대에는 지방 학술림이 세 곳 있다. 경기도 수원시의 칠보산학술림(1928년, 118ha), 경기도 광주시에 있는 태화산학술림(1979년, 795ha), 그리고 이곳 광양의 남부학술림(1946년, 16,182ha)이 그것이다.

서울대 남부학술림에서 바라본 백운산

광양시와 구례군에 걸쳐 있는 남부학술림은 다른 두 곳의 학술림을 합한 것보다 열여덟 배, 서울 여의도의 열아홉 배에 달할 정도로 면적이 넓다. 지리산과 백운산에 두루 걸쳐 있어 다양한 고도와 기후대를 포함하고 있다. 설립 초기에는 나무를 심거나 씨를 뿌리는 등 인공적으로 숲을 조성하는 일과 접목 또는 조직배양으로 새로운 개체를 만든 뒤 그것을 크게 자라도록 하는 양묘 사업을 했다. 또 숲에서 나는 부산물을 생산하는 등 국가적으로 필요한 임업 시험 연구를 주로 하면서, 우리나라 임학 발전에 중요한 자료를 제공하였다. 최근에는 기후 변화 모니터링, 멸종 위기 동식물과 산촌의 지속가능성 연구 등 생태 분야 외에도 경제적, 사회 서비스 가치를 높이는 일에도 힘을 쏟고 있다.

개망초 핀 들길을 조금 더 오르니 추동 마을 표지석이 보인다. 모내기를 마친 논에는 눈부시도록 햇살이 쏟아지고 있었다. 먼 산에는 하얗게 밤꽃이 핀 일요일 오후였다. 때 이른 6월 더위가 한창인 오후 두 시에 추동 마을 회관에 도착했다.

아랫섬에서 바라본 추동 마을 전경

회관 한가운데 작은 나무 그늘에서 오늘 만날 이재민 교장 선생님을 기다렸다. 갑자기 뒤에서 말소리가 들린다. "어디서 오셨소?" 허리가 거의 기역 자로 굽은 어르신 한 분이 유아차를 끌고 나오면서 물었다. "네. 이재민 교장 선생님과 약속이 있어서 기다리는 중입니다." "날이 덥구만 회관으로 잠 들어오씨오." 약속 시간이 다 되었으니 금방 오실 거라는 내 말에 재차 권했다. 차마 뿌리칠 수 없어서 들어가니 여자 어르신 몇 분이 앉아서, 또 누워서 쉬고 있었다.

오가는 말소리에 누웠던 분이 일어났다. 동네(추동)에서 동네(추동)로 시집왔다는 김순자(78세) 어르신이었다. 추동 마을 자랑을 해달라는 말로 말문을 열었다. "우리 동네는 인심이 좋소. 마을 회관에서 점심때마다 밥을 해 묵는디 먼저 온 사람이 아무나 하요. 다투고 싸우는 일이 없응께. 커피 사 오는 사람, 맛난 거 사 오는 사람이 많아요."

마을 회관에서 만난 이재민 교장 선생님과
마을 주민들

새뜸 마을 입구

옆에 있던 다른 분이 말을 잇는다. "그뿐이다요? 추동에는 인재가 많이 나요. 터가 좋은지 높은 사람이 많이 나왔소. 국회의원도 있고, 시장도 여기 출신이오. 또 우리 동네서 면장이 셋이나 나왔소. 옥룡서 제일 큰 마을이 우리 마을이요."

그러고 보니 이곳은 현 정인화 광양 시장의 고향

이다. 이외에도 이금하(전 면장), 박순호(공인회계사), 박찬호(전 광주지방 검찰청 검사장), 이은항(전 국세청 차장), 이은강(전 서울고검 인권보호관) 등 쟁쟁한 인물이 이 마을 출신이다. 동네 사람들이 자긍심을 가질 만하다. "추동 이장할래, 옥룡 면장할래?" 물으면 추동 이장한다고 대답한다는 말이 있을 정도였단다.

추동은 인구가 많을 때는 110여 가구에 이르렀다. 앞에 들이 넓어서 농사짓기에 좋았다. 돌을 가려내고 그곳에 흙을 넣어 논을 만들었다. 그 남은 돌로는 담을 쌓았다. 지금도 추동 마을에는 돌담이 많다. 들에서는 농사짓고 산에서는 나무하기 좋은 환경이니 자연히 사람이 모여들었다.

예전에는 이곳을 '가라골' 또는 '가래골'이라고 불렀다. 마을 뒷산이 배(船), 마을 터는 그 배의 돛대 모양이라서 돛대의 재료가 되는 가래나무에서 이름을 따와서 '가래골'이 된 것이다. 가래골을 한자식으로 써서 추동(楸洞)으로 부르다가 뒤에 가을 추를 쓴 추동(秋洞)으로 바뀌었다. 나무로 난방하던 시절에는 광양읍 사람들이 구 가래골까지 나무를 하러 왔단다. 정씨가 주로 살던 그 동네가 골짜기가 좁아서 불편해지자 다 떠나고 나중에 부동산업자가 터를 닦아서 새로 만들어진 마을이 새뜸이다.

지금은 18가구 정도가 산다. 87가구가 사는 추동 마을과는 거리 탓인지 잘 소통하지 않는다. 마을에는 냇가 주변에 농막 형태로 지은 집이 지금도 계속 들어서고 있다.

추동 마을은 조선시대 유명한 문신이며 시조 작가인 고산 윤선도의 마지막 유배지이기도 하다. 그는 치열한 당쟁으로 일생을 거의 벽지의 유배지에서 보냈다. 그의 나이 79세인 1665년에 이곳에 유배되어 2년 4개월 동안 살았다. 그는 경사(経史)에 해박하고 의약, 복서, 음악, 지리에도 능통하였으며 특히 시조 시인으로 정철의 가사와 더불어 조선시대 시가에서 쌍벽을 이루는 인물이다. 윤선도가 남긴 「고산유고」에 이 고을에서 지은 시가 전한다. 『광양시지』에는 윤선도 관련하여 그가 살던 옛 집터가 이 마을에 있다고 전하고 마을 입구에는 표지석도 있지만 정작 마을 사람들은 그 집터가 어딘지 잘 알지 못했다.

김순자 어르신도 종종 사람들이 찾아와서 그곳이 어디냐고 물어서 난감할 때가 있다고 했다. 이재민 교장 선생님이 덧붙인다.

"윤선도 선생한테 딸이 있었는데 이곳에서 유배해 있는 동안 죽었대요. 외산 저수지 위에 딸의 묘를 썼다네요. 나중에 해남으로 옮기려고 파 보니 의복이 그대로 있어서 그대로 두었다는 말이 전해옵니다."

아쉽게도 마을에서 윤선도 선생의 흔적을 찾기는 어렵다.

또 일제 강점기에는 금 광산이 옥룡 왕금산 주변에 있었는데 거기서 캔 금을 잘게 부수는 금방앗간이 추동 마을에 있었다고 한다. 금이 한창 생산될 때는 순도 높은 금만 골라서 장항 금 제련소로 보냈다고 이재민 선생은 말했다.

추동천은 3년에 한 번쯤 물이 넘쳤다. 그때마다 마을 사람들이 봇도랑을 메우는 울력을 했다. 2002년 8월에는 우리나라를 강타한 태풍 '루사'의 영향으로 이 마을에 섬이 두 개 생겼다. '윗섬'과 '아랫섬'이 그것이다. 백운산에서 내려온 모래와 자갈이 추동 마을 논을 덮쳤다.

집이 부서지고 인명 사고도 생겼다. 방치되어 있던 곳을 광양시가 사들여 2019년 자연생태공원을 만들었다.

태풍 루사의 영향으로 만들어진 생태공원

삼정(三精), 옥룡사지 동백숲, 백운산 고로쇠 이야기 등 백운산에 전해오는 신비로운 이야기를 담은 포토존도 있다. 하늘정원, 마운딩 잔디, 사계절 초화류 공원 등으로 나뉘어져 특색있게 꾸며져 있다. 가볍게 산책하고 쉬어 가기에는 참 좋은 곳이었다. 산처럼 높은 언덕을 돌고 돌아서 올랐다. 마치 순천정원박람회가 열리는 해룡 언덕처럼 보였다. 추동 마을과 멀리 백운산이 한눈에 들어왔다.

그 너른 공원에 투명한 햇살과 바람만이 놀고 있었다. 이 모두가 태풍이 한 일이다. 풍수해 앞에 인간은 얼마나 나약한가. 이후 광양시는 하천을 넓히는 사업을 대대적으로 추진했다. 간혹 좁지만 물풀과 징검돌이 아기자기 놓여 있던 예전의 하천을 그리워하는 건 필자만이 아닐 것이다.

글·사진 양선례

성공한 농촌 체험지,
도선국사 마을이 있는 양산 마을

  산골의 겨울은 몹시 추웠다. 사방이 어둑해지는 시각에 사촌들과 산에 올랐다. 갈퀴로 솔가리와 낙엽을 긁어모으는 일은 처음 하는 일이라 서툴지만 놀이처럼 재미있었다. 이모 집과 붙은 바로 뒷산인데도 사촌 언니는 연신 둘째 손가락을 펴서 입술에 대고 말하지 말라는 신호를 보냈다. 그렇게 해 온 나무를 아궁이에 넣었다. 푸른 연기를 내뿜으며 솔가리가 타닥타닥 튀었다. 가늘고 긴 불꽃을 내며 타들어 가는 솔잎이 아름다웠다. 땔감을 구하러 산지기 몰래 산을 드나들던 시절의 이야기다.

양산 마을 전경

이모 집은 옥룡면 추산리 양산 마을에서 있었다. 우리 연구회의 필자 여덟 명이 옥룡의 법정리를 하나씩 골라 마을 이야기를 싣기로 했을 때 고민하지 않고 추산리를 고른 이유였다. 중학교를 마치고 고향을 떠난 언니와는 다시 만난 적이 없고 그때 함께 나무를 하러 갔던 사촌 중에는 유명을 달리 한 이도 있지만 기억만큼은 시간이 많이 흘러도 늘 따뜻하게 남았다.

1914년 행정구역 개편으로 추동리(秋洞里), 백학리(白鶴里), 상산리(上山里), 중산리(中山里), 하산리(下山里)가 병합되면서 마을 앞 글자에서 추(秋) 자와 산(山) 자를 따 와서 추산리(秋山里)라고 하였다. 그중 상산 마을은 추산리의 제일 위쪽에 자리한 마을로 신라말에 한(韓)씨, 나(羅)씨, 정(鄭)씨, 탁(卓)씨가 들어오면서 마을을 형성했다고 전해진다. 마을 주민들은 상산을 산내(山內)라고도 부르는데 산골 안에 있는 마을이라는 의미이다. 당시 산내 지역은 상산, 외산(하산), 중산 지역을 모두 합하여 부르는 이름이었다. 산내의 마을 이름은 두음법칙에 의해 주민들은 '살래 마을'이라고도 불렀다. 지금은 상산(산내)과 중산을 합하여 행정리상 양산(兩山)이라고 한다.

마을은 한때 터가 좋다는 풍수지리설로 100여 호의 큰 마을을 이룬 적

양산 마을 회관

마을 입구 390년 된 느티나무

도 있다. 마을 뒷산 허리에 건립 연대가 확실하지 않은 산음사가 있었다고 구전된다. 중국 청나라 망명객인 양맥수가 이 고장에 옥녀탄금혈(玉女彈琴穴, 선녀(옥녀)가 장고 치고 거문도를 타는 지형이라는 뜻)과 옥녀배혈(玉女拜穴, 선녀(옥녀)가 엎드려 절하는 지형이라는 뜻)의 명당이 있었다고 하는데 실제로 산세가 여인상을 하고 있다.

양산 마을의 다른 이름은 '도선국사 마을'이다. 도선국사(道詵国師, 827~898)는 통일신라 말기의 승려이다. 풍수지리의 대가로 전라남도 영암 구림동에서 월출산의 정기를 받고 태어났다. 15세에 월출산 월암사로 출가하여, 순천 태안사에서 공부하였다. 터만 남은 옥룡사에서 35년을 머물렀다. 양산 마을에는 도선국사와 관련된 일화가 벽화로 그려져 있다.

먼 산에서 산비둘기가 우는 여름 한낮, 도선국사 마을을 찾았다. 양산 마을 회관을 지나 300여 미터 오르니 주차장이 나왔다. 왼쪽에는 공사가 한창이었다. '농촌다움 보건사업'의 하나로 20억을 지원받아 짓고 있는 농특산물 판매 매장이다. 지금은 약수터 인근에서 주말에만 잠깐씩 소규모로 장이 서는데, 날씨에 구애받지 않고 마을 주민이 직접 거둔 농, 특산물을 팔 수 있는 공간을 만드는 사업이다.

주차장 바로 앞에는 장독대 모양을 한 '사또 약수'가 있다. 예로부터 물맛이 좋아서 대대로 원님의 식수로 사용되었다. 마침 1.5L 생수병 12개에 물을 담고 있는 이상록(58세) 씨를 만났다. 광양읍에 사는 그는 정수기를

사또 약수를 뜨는 이상록 씨

사용하다가 그것도 결국은 수돗물이라는 생각에 음용수에 적당한 물을 찾다가 이곳을 발견했단다.

맛이 부드럽고 오래 두고 먹어도 침전물이 생기지 않아서 규칙적으로 물을 뜨러 다닌 지 10년이 넘었단다. 자녀들이 있을 때는 더 자주 왔었는데 지금은 부부만 사는 단출한 살림이라 한 달에 한 번가량 온다고 했다. 지역 주민들이 안심하고 마실 수 있게 광양시에서도 꾸준히 관리하고 있다. 중간에 대리석으로 한 적이 있었는데 물맛이 예전 같지 않아서 다시 부수고 지금과 같이 위생적이면서도 수도꼭지만 돌리면 물을 받을 수 있게 바꿨다.

파전에 막걸리, 그리고 직접 만든 손두부를 파는 '용천 손두부' 가게를 지나 만남의 집으로 향했다. 엎드려 호미질하는 마을 어르신을 보았다. 밭인가 하고 쳐다보니 빈집 마당이었다. 고랑도 이랑도 없는 평평한 땅에 드문드문 녹두가 자라고 있었다. 호미로 긁어야 풀이 죽을 것 아니냐며 웃는 할머니 표정이 인자하다. 그래. 이곳은 산 중의 산, 추산리지. 도선국사 마을이 되면서 일 년이면 억 단위가 넘게 소득을 올리는 주민이 있는 반면에 손바닥만 한 땅에도 작물을 심고 가꾸는 사람도 있다.

그럼 양산 마을은 언제부터 도선국사 마을이 되었을까? 농촌 테마 마을이라는 이름을 건 마을은 전국에 많지만 성공한 곳은 드물다. 잠시 반짝 시류를 타다가 자리를 잡지 못하고 흔적도 없이 사라진다. 그런데 이곳은 학생들 체험학습 철이면 하루에 500명이 넘는 학생이 찾기도 한다. 20년이 넘었으나 여전히 성황이다. 코로나로 힘들었던 지난 3년간에도 '학교로 찾아가는 체험학습'으로 인기를 끌었다.

하루에 버스가 몇 번 다니지도 않고, 장날이나 되어서 택시 몇 대가 오가는 게 전부인 오지 중의 오지 양산 마을은 어떤 과정을 거쳐 이렇게 자리 잡게 되었을까? 체험 마을이라는 제도 자체가 없던 2002년에 진흥청 공모 사업에 도전하여 지금의 도선국사 마을을 만든 일등 공신은 당시 광양시농업기술센터에 근무하던 정옥자 팀장 (2020년 12월 31일 자, 광양시 기술보급과장으로 퇴직)이다.

농촌진흥청에서 전국에서 아홉 개 지역을 선발하는 농촌 체험 마을 공모 사업에 직접 기획서를 써서 올리고 발표하여 치열한 경쟁을 뚫고 선정되었다. 지원금은 2억이었다. 3천만 원가량의 용역비를 주고 마을에 적당한 사업을 구상하는 게 일반적인데 그녀는 그렇게 하지 않았다. 용역을 주면 책임은 덜 지고 일은 쉽게 할 수 있었으나, 그 돈을 차라리 마을 발전에 쓰는 게 낫겠다는 생각으로 직접 발로 뛰었다. 아홉 개의 마을 중 용역을 주지 않은 곳은 광양시가 유일하다. 마을의 유래지를 살피고, 이 마을에 적당한 사업이 무엇일까 궁리했다. 퇴근 시간을 넘기는 날이 다반사였다. 1년에 100번이 넘게 이 마을로 출장을 왔다. 동료 여직원 한 명은 밤에 열리는 회의에 참석하려고 자신의 아이까지 데리고 오기도 했다.

마을 주민을 모아 놓고 설명회와 공청회를 거쳤다. 관이 주도적으로 해 나가면 다음 연도의 사업비 확보가 어렵고, 지속적인 사업으로

정옥자 과장님의 퇴임 축하연

로 연결되지 않는다는 걸 알기에 조심스러웠다. 결국엔 주민의 소득 창출로 이어져야 성공한다는 생각으로 마을 사람들이 스스로 방법

을 찾고 운영하는 데 주안점을 두었다. 한 번도 가 보지 않은 길이기에 주민들의 반대도 많았다. 리더 그룹을 선정하는 것도 어려웠다. 궁여지책으로 체험팀, 두부팀, 홍보팀 등으로 역할을 나누어 기술센터 직원 여섯 명과 마을 주민이 1대 1로 팀을 꾸려서 사업을 추진해 나갔다.

무에서 유를 창조한 마을 주민의 입장은 어떨까? 만남의 집에서 도선국사 마을 운영위원장인 이은호(68세) 씨를 만나 그 숨은 이야기를 들어 보았다.

"주민 설명회를 열어도 반대하는 사람이 많았어요. 개념도 잘 모르고 사람들 의식이 깨어 있지 않을 때였거든요. 진입 도로가 좁고 주차장도 없을 때라 어떻게 해야 할지 막막했죠. 그때 김휘석 당시 농업기술센터 소장님이 도움도 많이 주고 격려했지요. 그분은 퇴직한 지 한참 되었지만 지금도 간혹 둘러보면서 마을 발전에 도움이 되는 이야기를 해 줍니다. 그만큼 우리 마을에 애착이 많다는 이야기죠."

도선국사 마을이 첫 삽을 뜨던 2002년 여름, 태풍 루사의 영향으로 옥룡천이 범람했다. 당시 이장은 수해 복구에 매달려야 했다. 마을 사람들의 관심도 시들해졌다. 결국 이은호 씨가 중책을 맡아 체험 마을 운영위원장을 짊어질 수밖에 없었다. 그는 당시의 심정을 다음과 같이 말했다. "앞을 봐도 산, 뒤를 봐도, 옆을 봐도 산인 우리 마을이 잘 살 수 있는 방법은 체험 마을 운영밖에 없다는 생각이 들었어요. 위원장이 되니 집사람의 반대도 심했습니다. 위원장 자리는 아무리 잘해도 좋은 소리 못 듣습니다. 여러 사람의 이해관계가 얽혀 있는지라 조금만 잘못해도 욕먹기가 쉽지요. 너도나도 손 놓으면 지금껏 해온 게 아깝지 않으냐는 말로 주민들을 설득했습니다. 그때 포기했더라면 지금도 없는 거죠."

도선국사 마을을 설명하는 이은호 씨

도로를 뚫고, 주차장을 만들고, 어떤 체험이 우리 마을에 적당한지 고민하는 사이 20년이 훌쩍 지났다. 위원장은 소득이 되는 일을 못 하게 했기에 그는 생업인 소를 키우면서 이 일을 해냈다. 나중에 예약을 받고, 학생을 교육하여 체험지로 안내하고 정산까지 하는 사무장이 생기면서 그도 위원장 자리에서 물러났다. 지금은 자신은 인절미 체험, 아들은 두부 요리 전문점을 하고 있다.

사람을 키워 소득을 창출하게 하는 일이 공무원으로서 가장 보람된 일이었다는 정옥자 과장은 "그래도 이 마을 사람들이 참 대단합니다. 체험 영역을 다양화하려고 외부인도 선뜻 받아들여 기회를 줬습니다. 천연염색이나 도자기 체험이 그런 경우죠. 위원장은 이권 개입에 못 하게 막았기에 책임은 막중하지만 별 도움은 안 되는 자리인데도 지금껏 잘 끌고 왔습니다. 이은호 씨의 희생과 봉사가 밑거름이 되어 지금의 도선국사 마을이 있다고 해도 과언이 아닙니다."라고 말했다.

도선국사 마을은 '물, 콩, 차' 세 가지를 성공 목표로 정해 달려왔다. 차를 뺀 두 가지는 이뤘다. 이은호 씨에게 앞으로의 계획을 물었다. "농촌이 참 어렵습니다. 중산이 큰 마을이 되었지만 반은 빈집이고, 반은 노인만 남은 1인 가구입니다. 이대로 가다가는 20년 뒤에는 없어지는 마을이 태반입니다. 농민 수당, 직불금 등으로 혜택을 주기는 하지만 '언 발에 오줌 누기'입니다. 기상 이변이 지속되면 식량 주권이 더욱 중요해질 것입니다. 팍팍한 농촌 현실에서 도선국사 마을이 한 줄기 희망이 되기를 바랍니다."

글·사진 양선례

'그랜마 모지스' 할머니가 사는
외산(外山) 마을

"진정으로 무언가를 꿈꾸는 사람에겐 바로 지금이 인생에서 가장 젊은 때입니다. 무언가를 시작하기에 딱 좋은 때이죠."

미국의 화가 그랜마 모지스(Anna Mary Robertson Mosies, 1860-1961)의 말이다. 그녀는 전문적인 미술 교육을 받은 적이 없지만, 76세에 그림을 그리기 시작하여 101세까지 무려 1,600여 점의 그림을 남겼다. 그중 250점은 100세가 넘어서 완성했다. 주로 뉴욕과 버지니아 농장에서 보냈던 전원생활의 소박한 풍경을 화폭에 담았다. 평생 농장 일을 하며 열 명의 자녀를 키우는 일에 전념했던 그녀는 더 이상 자수를 놓을 수 없게 되자 여동생의 권유로 그림을 그리기 시작했다.

마을 잔칫날이었을까? 무려 열한 명이 앉을 수 있는 사각형 모양의

그랜마 모지스 작 〈퀼팅 모임〉

식탁이 한가운데 자리하고 있다. 정갈한 흰색 테이블보 위에는 개인 접시가 놓여 있다. 식탁 한쪽에는 칠면조 요리도 보인다. 한껏 꾸민 귀부인이 의자 한가운데 앉아서 담소 중이다. 그림의 구석에는 앞치

마를 두른 채 오븐에 음식을 넣거나, 집게를 들고 고기를 굽는 사람도 보인다. 식탁 밑에는 먹을 걸 얻으려는지 개 한 마리가 두리번거리고 있다. 그 위쪽 화면에는 알록달록 화려한 조각 테이블보가 시선을 사로잡는다. 둘러앉은 여덟 명의 남녀가 삼삼오오 이야기를 나눈다.

그랜마 모지스가 그린 〈퀼팅 모임〉을 하나하나 뜯어보면 그들이 나누는 이야기 소리가 들릴 것만 같다. 그녀의 그림은 2차 세계대전으로 피폐해진 미국인에게 큰 위안을 주었다. 국가는 100세 생일이던 1961년 9월 7일을 '모지스의 날'로 선포하여 그 업적을 기렸으며, 그녀를 '국민 화가'로 칭송했다.

옥룡면 추산리에도 '모지스 할머니'가 산다. 올해로 아흔두 살인 외산(外山) 마을의 김우심 할머니 이야기다. 그녀는 17세에 만난 남편과 73년을 살았다. 작년(2022년) 2월 97세로 남편이 사망하자, 그 이후에 처음으로 붓을 잡았다.

둘이 사는 세월에 너무 익숙해서였을까. 읍에 사는 자식들이 수시로 들락거리지만 좀 심심하더란다. 그래서 거실 한쪽에 있는 에어컨 겉싸개에 그림을 그린 게 시작이었다. 그걸 본 자식들이 물감과 붓, 스케치북 등 그림 도구를 사다 주었다. 그때부터 심심할 때면 그림을 그린다.

그녀의 그림에는 모지스 할머니처럼 농촌 풍경이 가득 담겨 있다. 노란 나무 수십 그루가 작은 호수를 감싸고 있고, 그 한가운데 오리 가족이 떠 있는 목가적인 그림도 있다. 징검돌이 놓인 냇가에서 빨래를 하는 아낙의 뒤로 함지박에 빨랫감을 인 다른 여인이 걸어온다. 소를 몰고 쟁기로 밭을 갈거나, 줄을 맞춰 허리 숙여 모내기하는 농부도 주인공이 된다. 벚꽃 화사한 길에 소달구지를 타고 가는 사람, 작은 개울에 산수유꽃이 흐드러진 풍경도 그림의 소재가 된다. 예전에 자신이 살았던 생활 모습을 머릿속으로 상상해서 그렸단다. 초록, 분홍, 노랑, 연두로 채색된 그림은 모지스 할머니처럼 더없이 따뜻하고 화사하며 정겹다. 요즘에는 주로 꽃을 그린다. 고흐의 해바라기를 연상하게 하는 그림도 여럿이다.

처음부터 할머니가 그림을 내게 보여 준 건 아니었다. 밤꽃이 하얗게 뒷산을 덮은 날, 그 동네에서 나고 자란 강미선(50세) 씨를 따라 외산 마을의 김우심 할머니 집 마당에 들어섰다. 밭에서 캔 양파와 마늘이 마당 한쪽에서 노릇노릇 말라가고 있었다. 햇살이 강하지 않은 오늘 같은 날, 밭매러 가야 하는데 약속 때문에 못 갔다며 아쉬워했다.

김우심 할머니가 그린 산수유 핀 냇가

이 동네 오래 살긴 했지만 특별히 할 말은 없다며 묻기도 전에 말했다. 순박하고 인자한 얼굴이었으나 낯선 사람을 경계하는 빛이 뚜렷했다. 아흔이 넘었다고는 믿어지지 않게 허리도 꼿꼿했고, 얼굴에는 주름도 없었다. 마루에 앉아 이야기를 나누었다. 노인 혼자 사는 집인데도 마당과 마루 등이 정갈했다. 언뜻 보이는 부엌살림도 잘 정돈되어 있었다. 솜씨가 좋아서 큰엄마 표 김치는 인기가 많았다며 옆에 있던 미선 씨가 거들었으나 경계는 쉬 풀리지 않았다.

마침 아주머니 한 분이 집으로 들어섰다. 동네 부녀회장 일을 29년째 하는 허양순(71세) 씨다. 남편도 이장이라서 부부가 안팎으로 마을을 위해 봉사한다. 일곱 집에 조금씩 나누다 보니 양이 얼마 안 된다며 양파 한 뭉텅이를 가지고 온 터였다. 개수는 많지 않았지만 양파 하나가 어찌나 실한지 봉지를 가득 채웠다. 동네 인심을 한눈에 알 수 있었다.

유전과 환경 중 무엇이 먼저일까? 인간의 발달 심리학적 관점에서 닭이 먼저냐, 달걀이 먼저냐 만큼이나 해묵은 논쟁이다. 어렸을 때는 유전의 영향이 20~40%이지만, 어른이 되면 40~60%가 유전자의 지배를 받는다고 알려졌다. 어릴 적 환경 탓에 잠재되어 있던 유전자가 성인이 돼 독립된 환경에 놓이면 고개를 드는 것이다. 옥룡의 모지스 할머니와 이야기를 나누던 중에 강력한 유전자의 힘을 발견했다.

김우심 할머니는 봉강면에 사는 아흔여섯의 화가 김두엽 할머니의 친동생이다. 여든셋에 그림을 시작해 어느덧 14년 차 화가로 600점의 그림을 그린 김두엽 할머니는 아들과 함께 전시회를 수십 차례 열었다. 케이비에스(KBS) 〈인간극장〉에 나와 유명세를 탔다. 〈황금연못〉을 비롯한 다수의 방송 프로그램에도 출연했다. 김우심 할머니 이야기를 듣노라니 '자매의 유전자 안에 화가의 싹이 숨겨져 있는 건 아닐까?' 그런 생각이 들었다.

시간이 가자, 할머니의 표정도 부드러워졌다. 숨겨뒀던 스케치북을 꺼내 와서 그림을 보여 주셨다. 원근법이나 구도 등의 이론을 따르지는 않았으나 모지스 할머니의 그림처럼 뜯어볼수록 이야기가 새어 나올 듯했다. 마음이 좀 열렸는지 냉장고에서 마실 것도 꺼내 오고, 마루 끝에 놓여 있던 보따리에서 책자 몇 권도 가져왔다. 그 안에는 할머니의 또 다른 비밀이 숨어 있었다. 놀랍게도 2004년부터 써 온 가계부였다. 그중 몇 권은 태웠다고 했다. "해마다 농협에 가서 가계부 두 권을 가져와서 한 권은 이 어메 드리고, 한 권은 내가 하요." 옆에 있던 부녀회장이 말했다.

20년째 가계부를 쓰는 아흔둘의 할머니

김우심 할머니의 가계부

위 칸에는 그날의 중요한 일을 짧게 메모식으로 적었다. '새벽에 나가서 고춧대 태웠다.' '부녀회에서 조기 사서 나누었다. 마늘에 비료했다.' '밤에 비가 많이 왔다. 오전가지(오전까지) 오락가락했다. 지은이가 아들 낳다고 전화 왔다.' '장 담갔다. 비료 요소 3포대, 복압(복합비료) 3포대 샀다.' '오후에 자근(작은) 며느리가 생선 가져왔다.' '옹구정 동생, 읍에 동생 왔다 갔다. 딸도 와서 점심 먹고 자근(작은) 며느리가 늦게 와서 시아버지 상처 난 데 치료해 주고 갔다.' '오전 10시 40분쯤 (영감이) 하늘나라러(로) 갔다. 오후에 장내(장례)식장에 갔다. 자식들 모두 왔다.' '길갓(길가)에 호박 심은 데 풀이 많아서 맷다.' 가계부를 적은 아래 칸에는 수입과 지출이 알아보기 쉽게 정리되어 있었다. 맞춤

법이 좀 틀리면 어떠랴? 또박또박 쓴 글은 그 자체가 집안의 대소사와 수입과 지출 내역이 적힌 할머니의 역사였다.

외산 마을 회관

할머니는 호박이나 토란을 심거나, 비료와 거름을 내는 것도 일일이 적었다. 그래야 다음 해에 농사를 지을 때 도움이 된단다. 마을 이야기가 듣고 싶어서 그 동네에서 가장 나이가 많은 할머니를 찾아간 길이었는데 할머니의 그림과 가계부에서 오히려 더 큰 감동을 받았다.

점심 준비할 때가 되었다며 부녀회장이 일어섰다. 점심은 마을 경모당에서 모여서 먹는다. 많을 때는 열한 명, 적을 때는 다섯 명이 모인단다. 밥 해주는 사람이 별도로 있어서 좋다고 했다.

인심 좋은 마을이지만 빈집이 늘어가, 젊은 인력 충원이 과제

경모당으로 향하는 옥룡의 모지스 할머니와 헤어져서 미선 씨와 마을을 한 바퀴 돌았다. 빈집이 많았다. 터만 남거나 허물어져 가는 집도 여럿이었다. 말끔하게 단장한 집도 드문드문 있었으나 대다수가 주말 주택으로만 이용하기에 마을 사람과는 왕래가 없다고 했다. 포스코

외산 새마을 창고

직원들의 은퇴로 도선국사가 점찍은 옥룡의 땅값이 뛰었다는 소리를 들었는데 생각과는 달리 빈집이 많았다. 머잖아 겪게 될 농촌의 현실이 아닐까 싶어서 마음이 씁쓸했다.

당산나무와 마을 회관 옆에 있는 커다란 창고에 다다랐다. 개나리색 벽에는 '알찬 소득 외산 새마을 작업장'이라고 검은색 페인트로 선명하게 쓰여 있었다. 농한기가 되면 모여서 가마니를 짜던 곳이라고 미선 씨가 설명해 주었다. 한때는 사람들의 웃음소리로 왁자했을 터였다. 그 많던 사람들은 다 어디로 간 걸까?

마을에는 사람이 산다. 마을도 사람처럼 흥망성쇠를 거듭한다. 외산 마을은 1500년경 정씨가 처음 들어와서 마을을 이루었다. 1912년 일제 강점기에 있었던 행정구역 개편 이전에는 옥룡면 하산리(下山里), 백계리(白鷄里) 지역이었다. 그런데 아래 하(下)자가 좋지 않다고 여겨 외산(外山)으로 바꿨다. 옛날에는 놋그릇을 만드는 곳이 있어서 '녹점골'로도 불렸다. 옥룡사지 동백 숲에서부터 백운산 자연 휴양림까지 외산 마을이기에 면적은 넓지만 인구는 추산리에서는 가장 작다. 2023년 7월 1일 자 기준으로 56세대에 95명의 주민이 산다. 한 세대에 두 명이 채 되지 않는 셈이다. 그만큼 홀로 사는 노인이 많다는 뜻이기도 하다. 작은 마을이 띄엄띄엄 흩어져 있다.

발효 음식을 만들려고 외산 마을에 정착한 지 17년째가 되는 오정숙(55세)에게 마을은 어떤 의미일까 물었다.

"우리 마을은 정이 정말 많아요. 어른들이 참 좋아요. 우리 집 문고리에 누가 두었는지도 모를 호박이나 깻잎이 자주 걸려 있어요. 마을이 노령화되어 가는 건 좀 안타까워요. 마을이 발전하려면 새로운 인력이 필요하답니다. 주말 주택으로 이용하는 게 아니라 와서 거주하는 이가 있으면 좋겠어요."

그녀의 목소리가 바람을 타고 백운산 골짜기로 퍼져 나간다.

글·사진 양선례

백운산 정기 어린
동동(東洞) 마을

동동과 선동·답곡·병암·묵방·심원은 동곡리에 속하는데 백운산 바로 아랫마을들이다. 백운산은 해발 1,222m로 지리산에 이어 전남에서 두 번째로 높은 산이다. 백두대간에서 갈라져 나와 호남정맥을 완성하고 섬진강 550리 물길을 갈무리한다.

"한반도를 호랑이가 앉아 있는 형상이라고 보면 여기가 백두대간의 끝이라, 뭐든지 끝부분이, 꼬리 부분이 기가 세. 독사도 꼬리를 끊어 버리면 독을 못 뿜고, 소도 꼬리를 끊어 버리면 힘을 못 쓰듯이 여기 백운산이 그만큼 기가 센 곳이라!" 현재 송광사 방장인 현봉 스님 말씀이다.

백운산은 봉정(鳳精), 호정(狐精), 저정(猪精)의 세 가지 정기를 가진 산이라고 한다. 그중 봉황의 정기는 최산두가, 여우의 정기는 고려조 옥룡 초암 부락에서 태어난 월애가 이미 받았다고 하는데 돼지의 정기를 받은 이는 아직 없다고 한다. 돼지의 정기는 옛날 중국의 석숭 같은 큰 부자가 날 기운이라는데 은근히 이 기운을 기대하는 광양 사람들이 많은 것 같다. 항간에는 광양제철소가 이 기운 덕분에 들어섰다고도 하는데, 그럴까?

학사대 건너편에서 백년동가든을 운영 중인 성태문 이장은 학사대에 꽂혀 있었다. 예전 같지 않은 마을 분위기를 관광 사업으로 돌파하고자 하는 의욕을 가지고 있는 것 같았다.

"이곳의 새로운 주소가 신재로인데 신재가 최산두 선생의 호라는 것을 모르는 주민이 많아요. 안타까운 일입니다." 백운산 농장을 이야기하다가도, 송천사를 이야기하다가도 이내 학사대 자료를 뒤적인다. "저 아래 세월교를 건너면 학사대까지 도로가 포장되어 있기는 하지만 그러면 뭐 합니까? 풀이 우거져 접근조차 하기가 힘듭니다. 출렁다리를 놓고 주변을 정비한 후에 안내판을 떡하니 세웠으면 하는 바람이 있습니다. 이곳은 감, 밤, 차, 고로쇠가 나는 곳이잖습니까, 농촌 체험지를 만들어 견학지로 활용했으면 좋겠다는 생각에 이것저것 자료를 모으는 중입니다." 이야기를 이어가는 중에도 전화벨 소리가 바쁘다. 마을에 나무를 베고 있으니 이장님이 오셨으면 한다는 전화에 이어 산장에는 예약 손님까지 들어오고 있다. 나도 덩달아 마음이 급해진다. 그렇다고 가장 묻고 싶었던 백운산 농장 이야기는 그냥 넘어갈 수가 없다.

1983년 12월에 발행된 『광양군지』는 741쪽에서 755쪽까지 무려 한 장을 할애해서 백운산 농장 개척기를 자세하게 다루고 있다.

당시 『광양군지』 편찬 책임 상임위원이었던 故 이균영에게 대하소설의 영감을 준 바로 그곳! 백운산 농장의 계획과 좌절의 연대기가 군지(郡誌)라는 지면에 보기 드물게 기록되어 있다. 개척에 참여했던 농민(당시 5인의 농민 개척자 중 한 사람이었던 김서정)의 입장에서 간추린 기록이다.

쌀 한 톨 섞이지 않은 감자 고구마가 주식이었고, 옷이라곤 작업복 한 벌에 군홧발로 비탈진 산을 오르내리던 개척자들을 멧돼지, 광인(狂人)이라고 부르며 절절한 애정과 숙연한 찬사를 보내고 있다.

자급자족 공동체를 꿈꿨던 원대한 이상의 공간이 와해 되는 것을 〈좌절된 신화〉라는 단원에서 농장 내부의 문제점과 제도적 요인, 농업의 숙명적 요인으로 세세하게 분석하고 있다. 농장의 실패를 죽어도 잊지 못할 한이라고 표현한 글의 말미에서는(물론 김서정의 표현이지만) 이균영이 그렸던 대하소설의 얼개가 어렴풋이 내비치기도 한다. 다음은 성태문 이장의 백운산 농장 관련 인터뷰 내용이다.

백운산 농장은 70여만 평에 이르는 대단위 농장이었다. 목축과 양봉, 과수를 비롯한 온갖 작물을 심어 가꾸는 종합 농장이며 공동체 사회를 꿈꿨던 협동 농장이었는데, '망했다!'고 표현했다. 그 이유로 '지방파와 개척파' 간의 다툼을 꼽았다.

그 후 10여 년간 방치되어 있다가 쌍룡 시멘트에서 인수하여 여러 가지 사업을 의욕적으로 벌이는 것 같았다. 지금의 백운산 둘레길도 그때 모양이 만들어졌다고 한다. 옥수수를 심고 소를 키우는 농장을 운영하였으나 잘되지 않아서 포스코로 넘어가게 되었다.

포스코가 인수한 후에 직원들과 지역민의 휴식 공간을 만든다며 수영장을 지었는데, 이게 속된 표현으로 대박이 났다. 이내 수련관을 짓고, 백운산 농장의 저수지가 있던 자리에 두 번째 수영장을 만들었다. 그리고 연이어 수련관도 추가로 지었다.

포스코 백운산 수련원

　한여름 휴가철에 사람이 몰릴 때면 마을 입구 매표소에서부터 삼정지 다리까지 차들이 늘어서곤 하였다. 대략 하루에 3,000여 명이 수영장을 찾곤 하였는데 지금은 다 옛이야기이다.

　날이 궂은 탓인지 이용객이 많지 않아서 길은 한가하다. 이슬비가 내리는 데도 숲속에 텐트를 치고 야영하는 사람들과 수영장을 이용하는 사람들이 더러 보이기는 한다.

　고로쇠만 해도 요즘은 전국 이곳저곳에서 생산이 되고 있고, 광양시 안에서도 이 마을 저 마을에서 팔고 있어 경기가 예전 같지 않다. 그래서 성태문 이장은 학사대 주변 정비와 개발이 마을의 활로를 열어줄 수 있다고 굳게 믿고 있는 듯하다.

동동 마을 성태문 이장

　동동 마을은 약 470년 전 이천 서씨가 처음 정착하였다고도 하고, 여산 송씨, 김해 김씨가 터를 잡았다고도 전한다. 처음에는 마을 형국이 학의 모습이라고 하여 학동이라 하였는데, 그 후 송천사(松川寺)의 동쪽에 있는 마을이라고 하여 동동으로 이름하였다고 전하며 동골 또는 동곡이라고도 부른다.

2023년 7월 23일, 바위산장 옆을 흐르는 계곡물 소리가 우렁차다. 백운산 정상과 따리봉 사이 한재에서 발원하여 광양만으로 흘러드는 동곡 계곡은 10㎞에 달하며 광양의 4대 계곡 중 가장 길다. 길게 이어진 장마 탓에 바위산장으로 내려가는 오솔길은 습하고 미끄럽다.

회은장로비

송천사 돌 구시

계곡 사진을 한 장 찍고 건너편을 보니 낯익은 비석이 보인다. 〈회은장로비〉이다. 동백나무에 둘러싸인 비석이 무대 주인공처럼 서 있다. 회은 스님은 병자호란 때 팔도도총섭으로 승병을 이끌고 공을 세운 것으로 알려져 있으며 그 내력을 기록하여 비석에 새겼다. 그러나 이렇게 계곡물이 불어날 때는 건너편에 있는 학사대, 회은장로비, 요소대 모두 접근이 불가능하다.

송천사의 정확한 위치는 알 수 없으나 백여 명이 한꺼번에 세수를 할 수 있는 돌 구유가 남아있어 그 규모를 추측할 수 있다고 군지에 씌어 있는데, 이 구유가 세수용인지, 발우와 식기를 씻기 위한 설거지통인지는 알 수가 없다.

바위산장 주차장에 송천사의 돌 구시가 있다는 얘기를 듣고 두리번 거리다가 나도 모르게 탄식이 먼저 나왔다. 안내판은 나무 둥치에 반쯤 가려져 있고, 그 옆에 석조(石槽, 큰 돌을 파서 물을 부어 쓰도록 만든 돌그릇)가 쓰레기통처럼 버려져 있다. 세상에, 광양의 유물 없음을 탓하기 전에 있는 것도 지키지 못하는 현장이 바로 눈앞에 있다.

송천사지 돌 구시는 네모난 바위의 속을 파내고 석조 아래 귀퉁이에 작고 둥근 구멍을 뚫어 놓았다. 모양은 투박하나 송천사와 관련된 유물로는 몇 점 남지 않은 유물이다. 옥룡면사무소 뒤뜰에 있는 부도탑 일부와 함께 한 자리에 깨끗하게 모았으면 하고 바라본다.

요소대는 성태문 이장이 지난가을에 찍어놓은 사진을 보내주었다. 커다란 병풍바위에 글자가 새겨져 있는데 돌이끼가 덮여 무슨 글씨인지 알아보지는 못한다고 한다. 시청에 알리고 탁본을 떠 놓으면 좋겠다고 했는데, 회신받은 것은 없단다.

요소대

학사대는 암굴 위 바위 면에 학사대란 최산두 자필 글씨가 음각되어 있으며, 어린 시절 선생이 이곳에서 수학하였다고 한다. 자세한 이야기는 1회에 백숙아 회원이 기술하였기에 여기서는 생략한다.

'동동 마을' 하면 고로쇠 수액이 담긴 옴박지(옹기 항아리)와 매캐한 숯불 연기가 떠오른다. 좁은 방에 다닥다닥 들어앉아서 쉼 없이 약수를 들이켜고, 닭구이를 먹었던 곳이다.

백운산 약수제는 매년 경칩 날 백운사(白雲社)에서 거행되는데, 기후 변화로 그 채취 시기가 매년 빨라지고 있다. 고로쇠 수액에 얽힌 이야기는 여러 버전이 있다. 하나는 도선국사가 좌선을 하다가 일어서는데, 하도 오래 앉아 있다 보니 다리가 구부러져 펴지지 않았다. 마침 부러진 나뭇가지가 옆에 있어서 그걸 잡고 일어서다가 나무의 수액을 받아먹었더니 다리가 펴지더란다.

또 다른 이야기로는 이곳이 신라와 백제의 접경지대라 신라 화랑이 이곳 고로쇠 수액을 먹으며 수련했단다. 비슷한 이야기로 신라 백제 간의 전쟁에서 신라군이 목이 말라 물을 찾던 중 우연히 나무에 꽂힌 화살 자국에서 물이 나오는 것을 보고 목을 축였다는 이야기가 전해온다. 고로쇠는 골리수(骨利水)라고도 하고 미네랄이 풍부해서 뼈나 신경통에 좋다고 알려져 있다.

동동 마을은 현재 73세대, 116명이 거주하고 있다. 남녀 각각 58명씩이다. 펜션, 민박하는 세대가 열 가구이고, 산장이 다섯 곳이다.

2020년에 준공된 마을 회관이 널찍하다. 주변에 동곡 보건 진료소가 있다. 마을 입구 당산나무는 느티나무로 수령이 350여 년쯤 된다. 최근에 마을 꽃 가꾸기 사업으로 수국 250여 주를 심었다며 수국이 피면 한 번 더 오라고 이장님이 말씀하신다.

백운산 느랭이봉 아래 아늑하게 자리한 동동 마을은 한때는 고로쇠 마을로, 백운산 등산의 시발지로 유명했던 곳이다. 학사대 정비와 자연 경관 활용을 통하여 마을이 새로운 활력을 찾을 수 있을지 기대하며 글을 마친다.

글·사진 정은주

다섯 개 자연부락이 함께 모여 사는
답곡(畓谷) 마을

  답곡은 광양에서 가장 깊은 골짜기로 들어가야 만날 수 있는 곳이요, 계곡의 물소리와 우거진 숲이 오감을 감동하게 만드는 마을이다. 고로쇠가 나오는 초봄부터 여름 끝물까지 닭 숯불구이로도 소문난 곳이다. 필자도 여름철이면 가족과 답곡 마을 계곡을 찾아가 물놀이도 하고 맛있는 요리도 먹으며 더위를 식히곤 한다. 답곡 마을은 논실, 진틀, 병암, 심원, 묵방(먹방) 등 다섯 개 자연부락을 모아 하나의 마을을 이루었다. 그런 만큼 골짜기 깊숙이까지 마을이 이어져 요새를 방불케 한다.

  답곡 마을은 1775년경 전주 이씨, 또는 현풍 곽씨와 김해 김씨가 처음 정착하여 살았다. 『광양군지』에는 곽씨와 허씨가 제일 먼저 입촌하였다고 전한다. 답곡은 '논 답(畓)'과 '골 곡(谷)'을 쓴다. 논이 많은 계곡이라고 하여 이러한 명칭이 지어졌다.

  답곡 마을 이장인 허항 씨는 "답곡에 논이 있을 만한 지형이 없어요. 내가 어렸을 때 우리 아버지는 농기구나 지게를 만들거나 장작으로 쓰이는 동목을 내다 팔아서 먹고 살았어요. 어머니는 똘감(떫은 감)을 물에 우려다가 곡식과 바꿔 먹기도 했고요. 논농사 지을 만한 곳이 없었다는 말이지요. 여름철이면 다래랑 감자를 읍내 장에 가져가서 쌀, 보리 등 곡식으로 바꿨지요. 겨울에는 고구마랑 수제비가

답곡 마을 전경

주식이었고. 지금은 그때에 비하면 호강이제 호강. 논이 많지 않으니 지명의 뜻과는 좀 차이가 나는 거제." 하고 이야기했다.

답곡은 131가구에 218명의 주민이 살고 있는 제법 큰 마을이다. 원주민과 귀촌 가구가 반반씩이다. 귀촌민은 대부분 여름철 장사 때만 머물고, 비수기에는 주말에만 오가는 형편이라 사실상 마을은 원주민이 지키는 셈이다. 이 마을은 이장 한 명, 반장 네 명, 부녀회장 한명, 청년회장 한 명이 마을 살림을 꾸려가고 있다. 마을 규모에 비하여 살림꾼이 적은 편이다. 요즈음은 원주민들도 민박집과 각종 음식점을 운영하여 가계를 꾸려나간다. 주 소득원은 고로쇠 약수와 벌꿀이나 버섯 채취, 음식점 영업, 밭농사, 축산업 등이다.

답곡 마을 입구에 자리한 용소

위에서 찍은 용소

초가을 정취가 느껴지는 옥룡 계곡을 따라 오르다 보니 용쏘(용소)가 나타났다. 옥룡에서 가장 깊고 큰 규모의 소로 명주실 한 타래가 다 풀릴 정도로 깊고 길었다고 한다. 그 실에 귀를 대고 들으면 '펑' 하고 소리가 났다니 실제로 굴이 있었다는 것을 짐작할 수 있다. 그리고 용소에서 불을 때면 봉강 계룡 앞 굴바위로 연기가 나올 정도였다니 그 크기와 길이를 짐작할 만하다. 옥룡 쪽의 굴은 김옥현 전 광양시장 재임 때 위험하다고 메워버렸다고 한다. 그대로 두었으면 관광명소로 활용할 수 있었을 텐데 아쉽게 되었다며 지역 원로들이 안타까워했다.

지금도 봉강 계곡 굴바위 뒷산에 가면 용소를 향하여 수직으로 뚫린 굴이 있다고 한다. 용소는 백운암 들어가는 입구에 있는데 옥룡사지 샘터로 흘렀다고 한다. 용소에 절굿공이를 빠뜨렸는데 옥룡사 샘터에서 찾았다는 설(設)이 있어 이를 뒷받침해 주고 있다. 이 설은 도선국사 절을 확장할 때 절터 앞 소에 살던 아홉 마리 용을 죽일 수 없어 용소에 살게 했다는 전설과 연관이 있다. 이 밖에도 답곡 마을에는 전설을 간직한 따리봉, 바구리봉, 신선바위, 몰궁거리(심원), 장군바위(묵방), 다래비소(묵방), 생애바위, 널바위 등이 있다.

선비들이 먹(墨)을 만들었다는 묵방(墨榜)

용소에서 조금 올라가다 보면 바로 건너에 묵방 마을이 보인다. 밀양 박씨가 처음 정착하여 이 마을이 형성되었다고 전해 온다. 옥룡 계곡을 끼고 형성된 모든 마을이 그렇지만

묵방 마을 전경

유독 산세가 수려하고 맑은 곳이다. 『광양시지』, 『마을유래지』, 『광양군지』 등에서는 '한낮에도 먹칠을 한 것처럼 컴컴하다.'고 한데서 묵방이라는 마을 이름이 붙은 것으로 적고 있다. 옥룡골 어른들은 예전에 묵을 만든 곳이라서 '묵방', '먹방', '먹뱅이' 등으로 불렀다고 한다.

묵방 마을에서 가장 연로하신 박봉규(91세) 어르신을 만났다. 본래 살았던 집은 아래채처럼 한쪽에 묵혀두고 새로 지은 양옥집에 혼자 살고 있었다. "묵방은 먹뱅이라고 불렀어. 그 이유는 먹을 맹글던 곳이라고 그리 불러. 이 뒤에 진사매골이라고 있는데 진사 되신 분이 우리 외가 어른이었어. 요즘 같으면 고시 같은 거에 합격했다제? 그분 묘는 다른 곳으로 모셔 갔지만 그 터가 있는 곳을 진사매골이라고 불렀던 거지. 먹방이랑 진사매골이 연관 있어 보이지 않은가? 이곳은 보다시피 풍경도 좋고 공기도 좋아서 다 건강해. 모두 건강한데 우리 마누라만 10년 전부터 치매 걸려서 요양원에 갔어. 지금까지 이 동네에서 치매 걸린 이는 우리 마누라 뿐이여."라며 쓸쓸한 미소를 지었다.

묵방 마을은 원주민과 귀촌 주민 수가 절반씩 차지한다. 두 집단 간에 소통은 거의 없다. 아름다운 풍광처럼 서로 소통하며 맑고 고운 마을 분위기를 가꾸어 가길 바라면서 마을을 나왔다. 묵방을 나오는 길목에는 이름 모를 야생초들이 즐비하게 피어나고 있었다.

원님이 쉬어갔다는 심원(深院)

심원 마을은 조선 중기 원님이 구례를 오갈 때 쉬어가는 집(院)이 있어 붙여진 이름이라고 전해온다. 길가에 핀 코스모스에서 가을 내음이 물씬 느껴지는 날, 마을을 찾았다.

무려 여덟 번의 통화 끝에 답곡 마을 허항 이장님을 겨우 만났다. 만나자마자 대뜸 "우리 마을은 인심도 좋고 경치도 좋아서 살기 좋은 곳이에요. 집집마다 대문이 없는 마을은 대한민국에서 우리 동네뿐일 거요. 보세요. 한 집도 대문이 없잖아요?" 왜 왔냐고 묻지도 따지지도 않고 그냥 마을 자랑을 하는 바람에 필자의 웃음보가 터지고 말았다. 마을 어르신을 만나고 싶어 하는 필자에게 "낮에는 만날 수가 없어요. 다들 바빠요. 미리 연락하고 오셔야 해요. 아! 저기 한 분 나오시네." 했다.

정용순(73세) 할머니가 맞은편 골목길을 나서고 있었다. 할머니에게 마을 형편이랑 분위기를 물었다.

"6·25 때 연천에서 아버지가 총살당하여 돌아가셨어. 엄마는 재가(再嫁)하고 나는 작은아버지 집에서 컸지. 스무 살에 옥곡에서 가마를 타고 석실재를 넘어 시집왔어. 처음 시집을 와서는 동목을 이고 다님서 동곡 마을 이재선 씨에게 갖다 팔았어. 섬사람들이 김(해태) 열리라고 바다에 꽂는 산죽(섶)도 베다가 팔고. 최근 들어 고로쇠 채취가 수월해져서 민박집도 해서, 이제는 먹고살 만해졌어. 그렇게 고생해서 키운 아들 둘이 다 공무원 됐어. 큰아들이 광양시청에 근무해."

할머니는 옛이야기에 자식 자랑까지 이야기보따리를 연이어 풀어놓았다.

심원 마을은 집집마다 1인 가족이 살고 있다. 허항 이장님과 친척인 허광영 씨 가정만 식구가 둘이다. 그 외의 원주민 세대 모두 홀로된 할머니만 살고 있다. 그래서 전기 고치기, 텔레비전 잘 나오게 하기, 무거운 짐 옮겨 주기, 친인척들 전화 연결해 주기 등의 소소한 일이 거의 이장님 몫이 되었다. 이제 이장님도 나이 들어 무릎도 안 좋아 힘에 부친다고 하니 걱정이다. 우리나라 농어촌 현실을 현장에서 체감할 수 있었다.

구렁논이 있어서 진틀?

진틀은 예전에 마을 앞 논들이 질척거리는 진틀(구렁논)이라 하여 붙여진 이름이다. 한자어로는 이평(泥坪)이라 불린다. 이 마을에는 백운산 등산로 시작점이 있다. 마을 사진을 보면 마을 풍광에 특이한 점이 있다. 큰 언덕을 중심으로 하여 위로는 원주민 다섯 가구가 있고, 아래로는 한옥이 조성되어 있다. 원주민들은 이른 봄에 닭 숯불고기를 곁들인 고로쇠 판매와 민박집 운영이 주 수입원이다. 필자도 일가친지들과 여러 번 진틀 마을에 간 적이 있다. 백운산 등산을 마치고 먹는 고로쇠와 닭 숯불구이는 그야말로 진미(真味)이다.

진틀 마을에 사는 백애심(85세) 할머니는 "열여덟 살에 시집와서 첫날 밤 자고 일어나 하늘을 봉께 너무 쪼그만 허더랑께. 그때도 다섯 집 살고 있었는디 지금도 다섯 집이여. 땅 파서 밭 일구다 손이 다 불어 터지고 야단났제. 논이 있다는디 막상 봉께 그냥 깔끄막(야산)이었어. 논이 어딨어. 눈이 허옇게 온 뒤에 고로쇠 받으러 가는데 따라가

하늘에서 본 진틀 마을

다 보면 호랑이 발자국 같은 것도 있었어. 지금 생각허믄 백운산에 호랑이도 살았는가 싶어. 아이고! 그때 비허믄 요즘은 임금님이제. 그래도 살 만헝께 살았긋제. 허허허.” 하고 그래도 살 만했었다며 호탕하게 웃었다. 85세라고 하기엔 너무 고우신 백애심 할머니! 오래 기억될 것 같다.

한옥에는 어떤 사람들이 살까? 그곳에 사는 사진작가 한 분을 취재하려고 몇 번이나 시도하였으나 만나지 못했다. 결국 원주민 다섯 가구와 대비되는 기와지붕들만 바라보다 내려왔다.

병풍바위가 있는 병암(屛巖)

병암 바위(병풍 같은 모습)

태어나서 지금까지 병암 마을에 살고 있는 '병암산장' 박종열(83세) 어르신을 만났다. 짝꿍 공병순(78세)

할머니와 싹싹한 며느리 윤승희(54세) 씨가 함께 자리했다.

"병암은 마을 뒤에 있는 병풍바위가 있어서 생긴 이름이여. '병풍 병(屏)'에 '바위 암(巖)' 자(字)를 써. 나는 겨우 여덟 살 되던 해에 어매가 세상을 떠났어. 빨갱이들 때문에 동곡, 항월, 죽림 등지로 옮겨 다니다가 굶어 죽은 거나 매한가지지. 군인들이 빨갱이들 숨겨 준다고 집에 불을 질러버리니까 아랫마을에 내려가서 살다가 그만. 지금도 그때 불에 탄 돌들이 남아 있어. 그 시절엔 답곡 마을 전체가 다 그렇게 쫓겨 다니며 살았어."

정말 기가 막힐 일이다. 전쟁은 절대 일어나지 않아야 함을 절실히 깨달았다. 어르신은 마을 이야기에 관심이 많아 보였다. 필자가 묻지 않아도 다음 이야기를 계속 이어갔다.

"병암 마을이 답곡에서 제일 먼저 생겼어. 그 뒤에 진틀이 생겼지. 할아버지에게 들은 이야기인데 우리 집 뒤에 살던 차씨 할머니가 호랑이에게 물려가다가 죽은 일도 있었다고 해. 옛날엔 백운산에 호랑이도 있었는가벼. 병암 사람들은 보리, 콩, 담배 등 주로 밭농사를 지어 동곡이나 읍장에 내다 팔아서 먹고 살았어. 지금은 고로쇠, 약초, 민박 등이 주민 소득원이 됐지. 저기 백운산 정상에 신선대는 농처럼 생겨서 농바위라고 해. 실제로 신선 바위는 그 능선을 쭉 타고 오면 있어. 백운산 정상 이름은 여승이 소나무겨우살이로 만들어 쓴 모자 닮았다고 해서 송낙봉(松蘿峰)이라 하고."

어르신 곁에 앉아 있던 짝꿍
(공병순 할머니)이 거들었다.

병암산장 가족들

"시집오고 나서 서방 군대 가
불고 억센 할머니랑 살았제. 본
래 다섯 집 살았는디 그래도
그 사람들 의지혐서 살았어. 서
방이 없응께 친정아부지가 가을 되믄 와서 지붕 이어주고 그럼서 살
았제. 본래 살던 사람은 우리 집뿐이여. 말도 마. 옛날에 다섯 집이
장에 갈라믄 맨 먼저 일어난 사람이 집집마다 호롱 들고 다님서 '어
이! 장에 가세. 언능 일어나.' 글면서 깨바서(깨워서) 동무해서 다녔어.
동곡까지 호롱 들고 가야 버스를 탈 수 있었제. 지금은 우리 동네까
지 버스가 들어와부러. 참 좋아졌어."

종일 들어도 재미있는 이야기였다. 병암산장 바로 아래에는 귀촌
가구가 있다. 주인은 보이지 않고 민박하는 손님들만 마당에 나와 있
었다. 송낙봉에 관한 이야기는 지역 어르신들과 이장님도 같은 맥락
으로 알고 계속 추적 중이라고 했다.

옥룡에서 가장 높은 곳에 자리한 논실

논실(淪室)은 옥룡에서 가장 높은 곳에 있으며 광양의 최북단에 위
치하는 자연마을이다. 광양 12실(사라실, 대실, 제실, 지실, 닭실, 밤실, 쥐

논실 마을 전경

실, 눈실, 논실, 조실, 옥실, 우모실)에 속하는 논실은 마을 뒤 백운산 따리봉 아래에 있다. 지역 원로 선생님들은 논실의 한자를 '배 끌 론(논, 淪)'과 '집 실(室)'을 합하여 만들어진 이름이라고 했다.

지형으로 보았을 때 따리봉이 배의 키 형국을 띠고 있기에 붙여진 이름이란다. 『광양시지』 제4권 430페이지에서는 "이 마을에는 논이 많은 계곡이라 하여 답곡(畓谷)이라 이름 하였는데 '논실'이라고도 부른다."라고 기록되었다. 즉 '논 답(畓)'과, '집 실(室)'의 한자 의미를 따서 논실이라고 부른 것이다. 지역 원로(박기오, 박채규, 허항)들은 이 역시 언젠가 바로 잡아야 할 필요가 있다고 했다.

좌) 박채규 이장님, 우) 허항 이장님

논실 마을을 취재하려고 박채규(개현 마을), 허항(답곡 마을) 두 이장님을 만났다. 마을 뒤안길로 필자를 안내했다. '연병지'라고 쓰인 바위를 보여주기 위해서였다.

6·25 때 백운산에 숨어든 인민군들이 교육, 간호, 병사 훈련 등을 했던 곳임을 표시한 바위 같아. 글씨를 조사해 보니까 그 시절에 쓴 게 맞대. 주민들에게 양식이나 생필품 등을 여기까지만 지고 오게 하고 돌아가라고 했대. 아마 자기들 은둔 지역을 들킬까 봐 그랬겠지. 이곳은 옥룡 사람들에게 잊을 수 없는 아픔이 서린 역사 현장이야."

두 분의 이야기를 들으며 역사의 아픔을 간직한 옥룡면은 좀 더 시간을 갖고 고증할 필요가 있다고 생각했다.

다음 날 오후, 또다시 답곡 마을을 찾았다. 이번에는 마을 회관으로 들어섰

위) 백애심(85), 황선임(76), 배동엽(85),
서남순(80), 박상금(94)
아래) 백도순(85), 박경심(85), 이설자(85),
정용순(85), 공병순

다. 논실 마을에는 답곡에서 가장 연로하신 박상금(94세) 할머니 집이 있다. 할머니는 지금도 건강하여 심원 마을에 있는 마을 회관까지 걸어서 다닌다. 젊은 사람도 걸어 다니기에 먼 거리다.

할머니의 건강법을 물었다.

"암꺼나 다 잘 묵어. 아직까지 별나 아픈 데는 엄써(없어). 어려서는 똘감(떫은 감)도 주워다 묵고 나무새(나물)도 뜯어다 묵음서 컸제. 지금은 민박이랑 고로쇠가 돈 벌어 주제. 시방 이만허믄 살 만허지 뭐."

마을 회관 임종례(87세) 회장님은 "우리 마을 사람들은 단합심도 좋

아. 다섯 개 마을에 회관 하나를 운영해서 더 그러제. 무슨 일이든 '모이자!' 하면 다 모여불제. 지금은 살기가 좋아져서 다들 운동도 하고 면사무소까지 차를 타고 가서 재미있는 것도 듣고 그래. 우리는 역사 공부도 해. 뻔히 아는 이야기들이지만 교수들이 이야기해 주니까 재미지더라고. 답곡은 참 한도 많은 곳이여. 우리가 한국전쟁 후유증을 고스란히 겪은 증인이니까." 하셨다.

답곡은 자연부락 다섯 곳이 모여 한 고을을 이룬 만큼 이야깃거리가 무궁무진하다. 글을 쓰는 데 도움을 주신 박기오 선생님, 개현 마을 박채규 이장님, 답곡 마을 허항 이장님 세 분께 감사드린다.

글·사진 백숙아

3부

구석기시대로의 시간 여행, 죽림 마을

초콜릿색 고풍스런 골목

대숲골 죽림 마을이 골목 가꾸기로 새로워지고 있다. 각양각색의 어수선한 담장을 초콜릿색 벽돌로 단장해서 고풍스러운 골목길로 만들었다. 죽림 마을은 백운산의 가장 발달한 능선인 상봉-억불봉-느랭이봉 능선 아래 자리 잡고 있다. 느랭이봉과 곰골 사이에 솟은 670미터 봉우리가 서쪽으로 흘러내리다가 동천을 만난다. 마을 북쪽 능선이 길게 뻗어 북풍을 막아주고 마을 앞 왼쪽엔 마방산이 동그랗게 내밀어 앉아 있다. 공기 맑고 햇볕 잘 드는 곳이다.

하늘에서 본 죽림 마을 전경

산이 깊고 능선이 발달하면 물길도 좋은 법이다. 완만한 언덕 위에 자리한 죽림 마을은 북동쪽에 가는골을, 남동쪽엔 곰골 물길을 거느렸다. 두 물길은 마을 회관 앞에서 만난다. 첫 번째 두물머리다. 이 죽림천은 죽림교를 지나 300미터 정도 흘러내리다 동천을 만나 두 번째 두물머리를 이룬다. 예전엔 동천이 죽림 마을 앞으로 바짝 붙어서 지금의 죽림교에서 두물머리를 이루었다고 한다. 물과 물이 만나는 곳은 풍부한 물로 농사짓기가 좋고, 물고기도 많을 것이다. 예나 이제나 그만큼 살기 좋다는 것이다.

10만 년 전부터 살아온 터전

35년 전인 1988년, 죽림 마을엔 65세대에 342명이 살았다. 지금은 92세대에 166명이 산다. 사람 수는 176명 줄었지만 농촌 인구의 급격한 감소 현상에 비하면 잘 버틴 편이다. 한편 세대 수는 27세대가 늘었다. 외지에서 들어온 세대가 11세대로 12%를 차지한다. 눈여겨볼 대목이다. 마을 입구에 커피집도 생기고 칼국수집도 들어섰다. 마을 앞에 우뚝한 390살 당산나무의 어깨가 굳건하고 활달하다.

사실 죽림 마을은 지금으로부터 10만 년 전의 삶터로 광양에서 가장 오래된 마을이다. 그러니까 대략 3천 대 윗대 할아버지가 자리잡은 터전이다. 윗대 할아버지들은

죽림 마을 담장

백운산 깊은 골을 호랑이에게 내어주고, 곰골에 곰들과 이웃하여 나물 캐고 열매 따 먹으며, 고기 잡고 사냥하며 마을을 이뤘다. 이런 사실은 1999년 순천대 박물관의 문화유적 조사에서 밝혀졌다. 광양시 문화유적 분포 지도를 만들려고 벌인 일제 조사였는데 필자는 그때 광양시청 문화예술팀장으로 함께했다. 평일엔 일상 업무를 처리하고 토요일 오후와 일요일에 조사 현장을 쫓아다니곤 했다. 누가 시켜서가 아니라 그러고 싶었다. 젊기도 했거니와 우리 지역의 역사 문화 현장을 보는 것이 즐겁고 보람찼다.

구석기시대로의 시간 여행

순천대 박물관의 문화유적 일제 조사로 총 222건의 문화유적이 5천분의 1 지도 위에 표기되었다. 모두 98쪽의 지도가 들어갔는데 최종 제작 때 보관이 편리하게 1만분의 1로 축소했다. 222건의 유적을 지도에 표기하고, 유적 해설과 시대별 유적 목록, 관련 사진을 지도 뒤편에 붙였다.

그 조사로 얻은 가장 큰 성과는 무엇보다 구석기시대의 유적을 확인한 것이다. 그때까지 광양에는 1만 년 전에 해당하는 신석기시대 유적인 진월면 돈탁 패총과 중산리 패총이 가장 오래된 유적으로 알려져 왔다. 그런데 조사를 통해 기원전 10만 년에서 기원전 1만 년 전에 이르는 광양의 구석기 유적 총 6개소를 찾은 것이다. 옥룡면 죽림 마을, 홍룡 마을, 옥동 마을과 봉강면 서석 마을, 옥곡면 죽양 마을, 진상면 창촌 마을이다.

그중 죽림 마을이 가장 깊은 산속이고 다음으로 홍룡, 죽양, 창촌. 그다음이 서석, 옥동 마을이다. 재미있는 것은 죽림을 비롯해서 6개소 유적 모두 위나 아래에 두물머리 물길이 있다는 것이다. 홍룡 유적지는 바로 위에 대방천이, 그 200미터 위에는 추산천이 있다. 옥동 유적지는 석곡천과 옥동천이 동천에 합류한다. 봉강면 서석 유적지는 순천 서면에서 내려오는 구상천이 서천과 만난다. 옥곡면 죽양 유적지는 대치골과 백양의 물길이 수평천으로 흐른다. 진상면 창촌 유적지는 지원리 물길이 수어천에 합류한다.

또한 당시 유적 조사자들은 죽림에서 홍룡을 거쳐 옥동으로 내려올수록 다듬어진 구석기 유물을 만났다. 죽림에서 거친 주먹도끼, 옥동에선 보다 매끈해진 주먹도끼를 채집했다. 주먹도끼의 크기와 종류도 아래

광양에서 출토된 구석기시대 유물
주먹도끼와 몸돌 뗀돌

로 내려오면서 다양해졌다. 홍룡과 옥동의 할아버지들이 죽림에서 쓰던 거친 주먹도끼를 다듬어 쓴 것이다. 죽림에 살던 3천 대 윗대 할아버지의 후손이 동천을 따라 홍룡으로 옥동으로 내려온 것으로 볼 수 있는 근거이다. 이 과정을 주먹도끼라는 시로 써 보았다.

주먹도끼

3천 대 웃대 할아버지가
두물머리 연거푸 만나는

대숲골 죽림에 터를 잡았다
야무진 돌 깨뜨려 주먹도끼 만들어서
찍고 베고 자르며 번성하였다

식구 불어나자 흥룡, 옥동 언덕으로 내려온
그 아랫대 할아버지들
주먹도끼 날 세우고 돌칼 돌도끼 만들어냈다
그 아래 아랫대 할아버지들은
운평리 산남리 목성리 들판으로 퍼져나가
흙그릇 청동검 만들고 고인돌 돌무덤 세웠다

현란하게 휘두르고 주무르던 할아버지 앞발이
드디어 손이란 이름을 얻었고
그 아래 아랫대 아주 아랫대 후손들은
수억 번 갈고 닦은 윗대 솜씨 이어받아
접이식 만능 휴대폰을 손에 쏘옥 넣었다
주먹도끼 쥔 주먹이 이젠 온 세상을 쥐었다.

— 민점기 시

오랜 삶터의 자부심으로 번창하길

자그마치 3만여 평에 달하는 죽림 마을 언덕배기에서 3천 대 윗대
조상들이 사용한 구석기 유물을 여러 점 채집했다. 흙을 파고 쌓았

던 움집 흔적도 확인했다. 죽림이 오래전부터 살기 좋은 터라는 것은 여러 지명에서도 나타난다. 마을 북동쪽 가는골의 동쪽을 '책골'이라 부른다. 가는골 입구 언저리는 '당골'과 '점터'로 부른다. 오래전부터 조상들이 하늘에 제사하던 신당이 있던 곳이다. 마을 남쪽 앞 마방산 아래엔 말을 먹이고 재우는 말 주막인 마방이 있던 곳으로 말차징이(마방평) 라고 부른다.

죽림 마을은 사방으로 통하는 길목에 자리 잡아 교통이 편리하다. 곰골을 따라 동쪽으로 600미터 높이 곰재를 넘으면 진상 웅동의 곰골과 연결된다. 이 길은 진상 비촌을 지나서 섬진

정자나무 아래서 마을 주민 단합대회

나루를 통해 하동까지 이어진다. 북으로 탑골재를 넘으면 동동 마을로 연결되고 한재~구례~남원으로 이어진다. 서쪽으론 내천~중흥산성~봉강 서석 마을~순천으로 이어진다. 죽림 마을은 이처럼 오랜 문화와 역사를 품고 교통의 편리함을 갖춘 살기 좋은 곳이다.

그러하니 죽림에 사는 사람들이여, 죽림을 아는 사람들이여! 오랜 삶터의 자부심으로 번창하시라! 마을 앞을 드나들 때 390살 당산나무를 바라보며 어깨 으쓱 추켜올리시라! 세 번째 마을 답사를 마치고 나오는데 주민 단합대회 현수막이 마을 입구에 걸려 있었다.

글·사진 민점기

삼한시대로의 시간 여행,
내천 마을

내천 마을의 산 역사 정용표 어른

　경로당에서 마을의 역사이자 최고령자인 94세 정용표 어른을 만났다. 연세에 비해 기억도 또렷하고 외모도 아흔이 넘었다고는 믿을 수 없을 정도로 정정했다. 어른에게 삼한시대 광양의 중심지였다고 전하는 내천현성 이야기를 요청했다. 어른은 구체적인 장소를 짚어가며 열정적으로 이야기해 주었다.

　청년의 눈빛을 가진 어른의 이야기를 들으며 '구전되는 이야기도 지역의 역사 문화다.'라는 생각이 깊어졌다. 정용표 어른은 1960~70년대에 죽천리 산림계장을 맡아 밤 산과 단감 단지를 조성해서 농가소득을 높이는 데 앞장선 분이다. 죽천리 산림계 등 광양 지역의 70개 산림계는 나중에 광양산림조합으로 발전했다.

내천 마을 정용표 어르신

삼한시대로의 시간 여행

　광양의 역사는 기원전 10만 년 전에 시작한 구석기시대, 기원전 1만 년 전의 신석기시대, 기원전 1,500년 전의 청동기시대를 거쳐, 기원전 300년 전의 철기시대를 맞이한다. 삼한시대 시작은 철기시대와 비슷한 기원전 2세기로 본다. 한강 유역 북쪽에는 고구려, 부여, 동예, 옥저 남쪽에는 마한, 변한, 진한이 자리했다. 삼한인 마한, 변한, 진한은 각각 54개, 12개, 12개의 작은 부족 국가로 이루어진 부족 연맹체였다. 삼한시대의 특징은 철기 사용과 함께 벼농사가 본격화되어 수리 시설이 발달했다. 또 누에를 치고 모시 삼베옷을 만들고 덩이쇠라는 철 화폐를 사용하기도 했다.

　광양은 일반적으로 마한에 속한 것으로 알려져 왔지만, 가장 빨리 철기를 제작한 변한과 가야의 영향을 받았을 가능성이 상당하다. 특히 가야가 세력이 강했던 기원전 100년에서 기원후 300년 사이에는 마한의 광양이 가야와 활발한 교류가 있었을 것으로 본다. 이를 뒷받침하듯 2008년 광양역을 옮기면서 조사한 도월리 유적에서 철기시대 가야시대 유물이 많이 나왔다. 도월리 철방 유적에서 철기 제작에 쓰인 토제 거푸집과 철 찌꺼기, 철 도끼 조각, 송풍관(용광로나 야금로에

온도를 높이기 위해 바람을 넣어 주는 풀무질 관) 조각이 나왔다. 생활 유적에서는 300년~500년경 가야의 세련된 그릇들이 다량으로 나왔다. 백제 근초고왕

광양읍 도월리에서 나온 가야의 토제 거푸집과 토기

은 369년 광양, 370년엔 낙동강 유역까지 가야를 정복했는데, 이후 광양은 점차 백제의 세력권에 들어가게 된다. 그래서 500년 이후 삼국시대 광양에선 백제 유적이 대부분이다. 지금까지도 남아있는 대표적인 백제 유적이 바로 광양읍에 있는 마로산성이다.

내천현성이 광양의 중심이었다고?

1983년에 발간한 광양군지 역사 편을 보면 옥룡면 내천과 진상면 비촌에 변한의 성터 유적이 있다고 나온다. 1956년 발간된 「전라남도사」를 인용한 글이다. 또 중마동 가야산이 가야국과 긴밀한 연관이 있다고 쓰여 있다.

나아가 당시의 광양군지 마을지 편에는 삼한시대에 내천현성이 광양의 중심지였다는 설을 다음과 같이 세 가지로 들었다. 첫째, '골안' '옥터거리' 같은 지명이 있고, 둘째, 옥룡면 선동에 살던 유명한 풍수지리가인 양맥수가 '마방산하천인가거지(馬房山下千人可居地, 마방산 아래에 큰 마을이 있다는 뜻)'라 했다는 이야기, 셋째, 향교가 있었다는 이야기와 실제로 마을 곳곳에서 오래된 기와 조각과 돌이 나왔다는 것 등이다. 여기에 더해 내천 지신(地神)과 광양읍 지신(地神) 간에 중심지 다툼으로 불화가 생겨서 내천 사람과 광양 사람이 결혼하면 행복하지 못하다는 미신까지 생겨났다.

내천현성 이야기 지도

내천현성 이야기 지도

내천현성 이야기 지도는 정용표 어른의 이야기와 마을에 전해 온 지명을 근거로 만든 지도이다. 옛날엔 동곡에서 내려오는 동천의 물과 죽림천 물이 죽림교에서 만났다고 한다. 이 물길은 도로를 따라서 옥룡북초등학교 동쪽 담장을 지나 추동교 쪽으로 흘렀다. 동천을 경계로 나누어진 내천과 개현이 옛날엔 한마을이었다는 것이다. 또한 죽림 마을의 여러 지명이 내천현성과 관련 있다. 그래서 내천현성 이야기 지도의 범위는 두 마을을 포함한 지도이다.

정용표 어른은 '동헌터'를 회관에서 남서쪽으로 50미터 아래 자리한 당신 집 주변으로 짚었다. 집터에서 오래된 기와 조각이 많이 나왔다고 한다. 회관 뒤편 빨래터에는 '상정막'이라는 경비초소가 자리했고, 죽림교엔 길목을 지키는 병사들이 주둔한 '중군터'가 있었다. 동헌 서편 언덕인 '서재등'에 서재가 있었고, 동쪽 마방산 아래인 현

백운주조 뒤편 언덕에 서당이 있었다. 추동교 바로 아래에 감옥이 있어서 '옥터거리'라 불렀다. 추동교 바로 위를 '골목 끝'이라 하고, 추동교에서 200여 미터 위 움푹 꺼진 곳에 '웃문 터'가 있었다. 말에서 내려 걸어야 하는 '하마 터'는 서울대 연습림 입구였다. 향교 자리는 특정하지 못했다. 이외에도 죽림 마을 북쪽 가는골 입구를 당골이라 하는데, 점을 칠 때 쓰는 쇠붙이가 나온 점터골도 그 옆이다. 삼한시대에 하늘에 제사를 모시는 신당 즉 소도가 있던 곳이라 하겠다. 또한 죽림의 남쪽이자 내천의 동쪽에 자리한 마방산 아래 마방평은 말을 먹이고 재우는 말 주막이 있던 곳이다.

마방산 마방길

마방은 지금의 철도역이나 버스터미널 같은 곳이다. 내천현 마방은 삼한시대에 하동의 중심지인 악양, 순천의 중심지인 낙안, 그리고 구례 남원으로 통하는 길목에 자리 잡았다. 아래의 시는 당시에 온갖 물건을 지고 내천현 마방길을 오르내렸을 말 이야기를 쓴 것이다.

마방길 대장말

도월리 철방에 막대기 모양 덩이쇠를 벗어주고
솜씨 좋게 나온 칼, 도끼, 화살촉을 짊어졌다
한 동무는 염포에서 천일염을 등에 올렸고
다른 동무는 낙안에서 식량과 옷감을 지고 왔다

내천현 마방산 아래 말 주막에
들어서니
마방 주인이 마른풀과 귀리를
듬뿍 내주었다
늦여름 백운산 물과 바람이 상
큼하고 달달하여
푸두둑 갈기 흔들어 절은 짠 내를 털어 냈다

내천 마을 마방길 도로표지판

10년 동안 잘록한 허리 엮은 덩이쇠 지고서
주인님 곁에 바투 붙어 동무들을 이끌었다
내일도 해가 뜨기 전에 마방길에 오른다
곰재를 넘어 웅동, 비촌, 느렝이재를 지나
섬진 나루에선 밀물을 타고 악양으로 갈 것이다
짱짱한 하루 길이다
선 채로 푸지게 잠을 자 두자

— 민점기 시

한데 어울려 사는 마을 되었으면

내천 마을은 36년 전인 1988년에는 76가구에 397명이 살았는데 지금은 84세대에 158명이 살고 있다. 인구는 239명이 줄었지만 세대는 8세대가 늘었다. 최근 외지에서 들어온 세대가 12세대로 15%에 이른다. 커피집과 밥집, 요양시설 등이 늘어나 활기를 띠고 있다.

정용표 어른과 인터뷰를 마치면서 지역사회와 광양시에 바라는 것을 말씀해 달라고 했다. 어른은 내천은 단합이 좋은 마을이라며 새로 들어온 세대가 10여 세대 되는데 이들과도 한데 어울려 사는 마을이 되면 좋겠다고 한다. 예전의 반상회 같은 모임이 자율적으로 한두 달에 한 번씩이라도 열려서 서로 얼굴 마주 보고 다정하게 어울리는 계기가 생겼으면 좋겠다고 했다. 다른 어른은 추동교 동쪽 천변 도로에서 몇 년 사이에 두 사람이나 떨어져 세상을 등졌다며 가드레일을 연장해서 설치해 주길 바랐다. 두 분 어른의 제안은 며칠 후 옥룡면사무소에 전달했다.

글·사진 민점기

신선이 사는 명당,
선동(仙洞) 마을

신선이 사는 마을이라는 이름답게 선동은 이야깃거리가 많은 곳이다. 마을이 생기기 전에 절이 먼저 세워진 곳이라는데, 옛 광양의 큰 절이었던 송천사(지금은 폐사되어 흔적도 없어짐)가 있었고, 조계종 수좌들 사이에서 수행 정진 터로 유명한 상백운암이 있는 곳이다.

선동 마을 회관에서 본 법당터 주변

백운산 봉우리들이 마을을 포근하게 감싸고 있고, 한쪽이 살짝 열려 있어 마치 새 둥지 같은 느낌을 준다. 상백운암을 봉황새 둥지 터라고 하는데, 선동 마을 또한 비슷한 느낌이다. 신선이 노닐기에 부족함이 없는 곳이라는 생각이 든다.

10여 년 전에 필자는 선동 마을 앞에 오래된 차(茶)나무가 있다는 이야기를 듣고, 무작정 그곳을 찾아간 적이 있다.

차나무는 찾기가 쉽지 않았다. 마을 앞 답곡으로 이어지는 도로 아래쪽의 비탈진 대나무 숲속에 그 오래된 차나무가 있다고 했는데, 여름이라 대밭 모기가 보통이 아니었다. 게다가 찔레 가시와 온갖 푸나무 넝쿨, 뾰족한 대나무 그루터기가 말 그대로 죽창처럼 겨누고 있어 함부로 들어갈 수조차 없었다. 간신히 차나무 몇 그루를 확인하는 것에 그쳐야 했다. 어두컴컴한 대밭 속에 자라고 있는 차나무는 대나무처럼 가늘고 길쭉길쭉하였다.

당시 마을 정자에서 만났던 주민에게서 들은 이야기를 옮기자면, 바위산장 뒤편 백운산 수련원 초입에 큰 법당이 있었다. 200여 명쯤 되는 스님들이 거주했고, 구시가 두 평 남짓이나 되었으며, 한 끼 공양에 쌀 두 가마니를 썼다고 했다.

"송광사보다 훨씬 컸다니께." 예전 옥룡은 초입인 산본 마을부터 절터골이었다. 추산리부터 선동까지는 화엄사 땅이었으며 선동 마을 솔밭에서 발견된 대웅전 받침돌이 한 평 남짓이나 되었다. 송천사가 불탈 때는 일주일을 탔다고도 했다.

"절 앞에서 짚세기를 벗어들고 들어갔다네. 짚세기 애끼느라. 아, 절을 한바쿠 돌고 나오면 짚세기가 다 닳아져 부렀응게. 송천사 말고 절이 하나 더 있었는데 난절이라고 했어."

"난절이요?"

"아니 나안절(아마도 나한전을 말하는 듯하다)."

"백운산 절을 뜯어다가 나안절을 지었당게. 글다가 또 우그로(위로)

이사를 갔제. 아이고, 말도 마랑께. 동네 사람들이 절을 지게에 짊어지고, 머리에 이고 날랐응게."

"절을요?"

"잉, 지둥이랑 지왓장을 이고 지고, 까끄막을 올라댕겼당게. 우게 있는 것을 뜯어다가 아래다가 짓고, 또 그놈을 뜯어다가 우로 올라가 짓고. 어찌코롬 그런 일을 했는가 몰겄어. 그때는 묵는 것도 부실했는디. 묵고살자고 했고, 묵고살게 해주라고 비는 마음으로다가 했제."

"남 시님(비구)들이 살다가 나가고 난 후에 여 시님(비구니)들이 기거했어."

"이곳에 묵은 차나무들이 많았다는 이야기를 들었어요. 혹시 예전에 마을 분들이 차를 드셨나요?"

"이, 배 아푸면 약으로다가 묵었지. 숭님(숭늉)처럼 소화제로다가 묵기도 했지. 봄에 뾰줌뾰줌헌 잎사구가 올라오면 그걸 따다 주고 한 5백 원인가 받았어. 40~50년 전 이야깅께 에북 솔찮았어. 찻잎은 시님들헌티 팔았제. 요 밑에 대밭 속에 차낭구가 많았는디, 길 넓히고 험성 비어 불고, 집 지음시롱 비어 내고, 대밭도 깎이고, 글다가 시나브로 없어져 버렸어. 근디, 차 이약이랑 절 이약은 근동떡이 잘 알꺼라. 그 냥반이 아매 백 살 가차이 되었을 낀디, 한마디로 살아있는 옥펜(옥편)이라. 그 냥반을 한본 만나보시오."

그렇게 만난 사람이 바로 근동떡, 김아지(당시 100세) 할머니였다. 백수를 넘긴 할머니라 의사소통이 가능할지 염려되었다. 미리 할머니가 계시는 요양원 측에 가족의 허락을 얻어 양해를 구해 놓았다. 할머니는 '다리가 말을 듣지 않아' 걸을 수 없는 것을 빼고는 정정하고 단정하였다. 차(茶) 이야기를 듣고 싶어서 왔노라고 운을 떼었다. 대뜸 할머니는 예수를 믿느냐고 물었다. 믿어야 하느냐고 물었더니, "아니, 이녁 맴이지."라고 하면서, 기독교 요양원에 들어온 지, 11년째라고 또 박또박 말하였다.

"차를 묵으면 영리해진다고 공부허는 시님들이 많이 드셨어. 주전자에 물을 넣고 끓이다가 찻잎을 넣고 닳이 묵었지. 찻잎은 에린 것을 따서, 으지(그늘) 안에서 몰리(말려) 갖고, 닳이 묵었어. 차낭구가 대밭 안에도 많았고, 그 근네(근처)도 많았어. 아, 그 낭구야 옛적에 중들이 숭겄었제. 차낭구가 큰 것은 요만이나 했어." 하면서 커다랗게 양 손아귀를 벌려 보였다.

"아조 오래된 낭구들이 많았지. 우리 구산 시님(입적, 전 송광사 방장)이랑은 한 3년 살았어. 법문을 영 잘하셨지. 시님도 차를 많이 드셨어. 따다가 몰리 논 것을 닳이 드리기도 하고, 본인이 주전자에 닳이 묵기도 허싯지. 절이 몬당에 있어 놓께, 아칙에 올라갔다가 저녁이면 집으로 내리오고 했지. 시님이 안 계실 직에는 문을 잠가놓고 내리왔는디, 절에 오래된 불상이 하나 있었어. 빈 절에 둘 수가 없응께 애기 안듯이 품어 안고 다녔지. 한 날 못 업고 내리온 날이 있었는디, 해필 그날 도둑이 들어서 돌라가 부렀어. 그 뒤로는 불상에 대해선 몰러."

상백운암을 중창하신 정륜 스님에 의하면, 그 불상은 지금 동국대 박물관에 있다고 한다. 그러나 동국대 박물관에 있는 것은 삼존불인데, 당시 김아지 할머니의 증언은 조그마한 불상이었다고 했다. "참

우리 시님이 도인 시님이셨지. 그렇게 법문을 잘 허시는 시님을 본 적이 없응게. 우리는 살아있는 부처님이라고 불렀어. 맨날 공부허시고, 또 공부허시고, 법문허시고 그랬지." 다시 오겠다는 작별 인사를 남기고 1시간여의 짧은 만남을 뒤로했다. 그러나 차일피일 방문을 미루다가 이듬해 그만 김아지 할머니가 돌아가셨다는 부음을 들어야 했다.

선동을 다시 찾은 날은 2023년 여름이 간신히 물러가려고 할 때였다. 백운산이 하얀 구름을 배경 삼아 청정하고 선명하게 솟아 있었다.

"하믄, 이곳이 절터였다요. 찌그 제철 수련원 올라가는 곳은 '법당 뒤'라고 하고, 바위 산장 앞은 '절앞에'라고 불러요. '법당뒤' 논에 간다하고, '절앞에' 논에 간다 라고 말해요."

"이 인근에 큰 법당 터가 세 곳이 있었다고 하는디, '법당뒤' 하고 '절앞에' 하고, 동네 정자나무 근처 텃밭 자리가 그곳이라고 해요."

"하루는 그 텃밭에서 작은 돌부처가 나왔어, 한쪽 어깨가 떨어져나가고 없기는 했는디, 감나무 아래 담장 우게다 얹어 놓았드마 누가 돌라가 부렀어."

"그곳이 터가 센 곳인가, 보통 사람이 살아서는 재미를 못 봐, 다 못살고 그냥 나갔어."

마을 들어오는 언덕에 부도탑이 몇 기 있다. 송천사 부도탑이라고 알려져 있으며 취암당, 응암당, 송백당, 일명 부도 등이다.

송백당 부도탑　　　　　　　　　선동 마을 부도탑

"옥룡 진등에 사는, 관셈보살이라고 불리던 분이 여그저그 흩어져 있던 탑을 한곳에 모으니라고 애를 썼당께. 탁발도 댕기고, 날이면 날마다 이곳에 와서 흙 속에 파묻히고, 풀 속에 들앉은 탑을 찾아냈지. 그 보살님이 서두르고 우리네 서방님들이 힘을 보탰지. 그때는 서방들이 다 힘이 좋았어. 그분을 첨엔 관셈보살이라고 부르다가 나중에는 탑보살이라고 불렀어."

이야기를 풀어내는 본동떡 이름은 우영업, 올해 여든아홉이시다. 선동에서 나고 자라 선동으로 시집왔다. 그래서 본동떡이다.

일명 부도탑

"아 긍게, 저 집 시엄니가 아조 멋쟁이 신사였그만, 양산 쓰고 댕기고 일은 한 나도 못해, 아니 안 해. 근디 옆에 사는 처자가 모도 잘 찌고 일을 겁나게 잘하거등. 그래서 날이면 날마다 처자 집으로 가서 딸 주라고 졸랐다요. 근동떡이 중신을 섰는디, 한 마디로 일을 잘해서 시엄니헌티 잽혀 부렀제. 본동떡 친정 사람들이 용해 가꼬 딸을 줬지."

옆에 있는 아주머니가 본동떡의 결혼 이야기를 신이 나서 들려주신다.

선동 마을은 근처에 선인무수혈(仙人舞袖穴)의 명당이 있어 선동이라 하였는데, 송천사 서쪽에 있다고 하여 서동이라고도 불렀다. 절터였던 마을답게 마을에 공사를 할 때면 옛날 물건이 심심찮게 발견되고는 했다.

옷소매를 펼치고 춤을 추는 신선 마을, 김근식 이장은 어린 시절부터 할머니 손을 잡고 뒷산 백운사를 찾곤 했다. 절 앞 산비탈에서 다래나무 넝쿨을 타고 놀았다.

현재 선동은 30여 가구인데, 원래 토박이는 18~20여 가구쯤이고 10여 가구는 들어와 사는 분들이라고 한다. 이 외부 유입 가구도 정착한 지 대부분 10년 이상은 되었다. 선동 마을 주 소득원은 고로쇠 채취와 민박, 농업이다. 현재 산장을 운영하는 가구가 몇 가구 되지만, 연로한 분들이 많아서 텃밭이나 일구는 정도이고, 대부분 특별한 경제활동은 하지 않는다.

인터뷰에 응한 김근식 이장(선동, 52세)은 남정 마을에서 하우스 농사도 하고, 논을 임대해서 벼농사도 짓고, 겨울에는 고로쇠 수액을 채취하기도 하는 등 바쁘게 살고 있다. 고로쇠 수액은 밤에는 기온이

영하로 떨어지고 낮에는 10~13도쯤 될 때 잘 나온다. 채취 시기는 보통 1월 20일에서 3월 30일까지인데 요즘은 2월 중순이 넘어가면 따뜻한 기온 탓에 물이 잘 나오지 않는다. 올해도 작황이 신통찮았다고 한다.

송천사는 마을 이름을 정할 만큼 큰 절이었다(송천사의 동쪽에 있다고 하여 동동, 서쪽에 있다고 하여 서동이라 불렀다). 현재 바위산장 부근이라고 알려져 있는데 정확한 규모와 위치는 알 수 없다. 금당지, 천불전지, 나한전지라는 터가 있다고 전해지며 곳곳에 축대, 깨진 기와, 초석 등이 흩어져 있었다고 한다.

도선국사가 창건했다고 하나 문헌으로 알려진 것은 아니다. 여지도서 등 사서에 등장하는 것으로 보아 18세기 중엽까지는 있었으며 한동안 폐사되었다. 19세기 읍지에 다시 등장하는 것으로 보아서 그 무렵 중창된 것으로 보인다. 1950년대 폐사되었으며, 그 후 민가가 들어서고 2002년 큰 수해까지 입어 그나마 남은 흔적마저 없어져 간다.

마을 아래 도로변에 있는 용소는 큰 용소와 작은 용소가 있는데 역대 현감들이 기우제를 지낸 곳으로 신성시되었다. 2002년 큰물이

마을 회관에 모인 어르신들

성큼성큼 걸어와 집채만 한 바위들이 다 떠내려가 버렸을 정도로 원래 모습이 변했다. 아들을 못 낳는 사람들이 돌을 던져 문바위에 닿으면 아들을 낳는다는 전설이 있었으며 용소에서 백계동 눈밝이샘으로 통하는 굴이 있다고 전하기도 한다.

"우리 동네는 특별히 자랑할 것은 없소마는, 아름답게 편안히 놀고 살 수 있는 곳이요. 예전에 우리 시어머니 근동떡이 그랬소, 여그 오면 전부 아들을 낳는다고. 그래선지 다 아들을 낳았지. 그때는 아들을 낳아야 좋은 시대였응게."

"평평하니 평범하니 사는 게 최고 아니겠소? 건강히 잘 사는 것이 젤로 좋은 것이라는 생각으로 살아가고 있소. 크게 부자는 없지만 다들 큰 걱정은 없이 살고 있소."

김아지 할머니 며느리 이야기이다. 몇 날 며칠이 걸려도 모자랄 것 같은 선동 마을의 이야기꾼들이 고개를 끄덕인다.

연꽃 속 같기도 하고, 새 둥지 속 같기도 한 선동, 유서 깊은 이야기들이 천천히 발효되고 있는 마을. 백운산이 오늘따라 유난히 깊다.

글·사진 정은주

노디(서당 오가는 길) 길목에서 만난
개현 마을

　어린 시절부터 필자는 아버지께 광양의 마을 이름 유래를 들어왔다. 그 영향 덕인지 광양 문화에 남다른 애정을 느낀다. 광양 지역을 돌아다니다 보면 마을 이름 유래와 우리가 살고 있는 현실이 어찌나 맞아떨어지는지 신통방통할 때가 많다. 고무적인 일은 구수한 옛이야기를 지닌 마을마다 맑고 밝고 인정미 넘치는 사람들이 살고 있다는 점이다.

　개현 마을에는 1680년경 권씨(權氏)가 처음 입촌하여 살았다고 전해온다. 1872년에 제작된 광양현 지도에 옥룡면 개현리가 처음 나타난다. 사람들은 이 마을을 '개오개', '개고개', '개우개' 등으로 부른다. '개'라는 글자가 마을 이름 앞에 붙게 된 것은 마을 뒷산이 개의 형국을 띠고 있어서이다. 마을 뒷산에 능선이 잘록한 지점을 '개고개'라고 부르는데 도선국사가 송천사에서 옥룡사로 오가던 길목이었다고 한다.

개현 마을은 본래 세 뜸(마을)

세 뜸으로 형성된 개현 마을 전경

개현 마을은 본래 세 뜸(개현, 서재동, 평답)이었는데 모두 합하여 지금의 이름을 갖게 되었다. '뜸'은 마을을 이르는 말이다. 원뜸은 개의 뒷다리 아랫부분에 속한다. 현재 마을 회관을 중심으로 20여 가구가 살고 있다. 서재동은 개의 밥그릇에 해당한다. 일명 '서지박골'이라고 부르는데 박 씨들이 사는 마을이라 붙여진 이름이다. 지금도 박 씨 다섯 가구가 살고 있다. 평답은 150여 년 전 한 군수(이 씨)가 매화락지(梅花落地) 명당 터라 하여 입촌하여 살았다고 한다. 50여 년 전 그 후손들이 떠난 이후 마을에 이 씨가 없었으나 수년 전 한 세대가 귀촌하여 살고 있다.

〈별주부전〉을 연상케 하는 개현 마을

　개현 마을에 들어가려면 내천 마을에서 이어지는 개현교(介峴橋)를 지나야 한다. 다리를 절반쯤 지나는데 박채규 이장님이 저만치에서 웃으며 반겨 주었다. 마을에 들어서면서부터 저절로 감탄사가 나왔다. 다리가 끝나는 지점이 평답이고 그 첫 집이 이장님 댁이었다. 이장님이 직접 만들었다는 돌 공원이 울타리 시작점부터 천변 안전 설치대까지 펼쳐져 있다. 여의주를 입에 물고 있는 용이 하늘을 나는 모습도 여러 작품이다. 모든 작품이 돌, 썩은 나무, 폐품 등을 활용하여 만들어져 친환경 교육장으로 활용해도 손색이 없을 것 같다.

　그 아래로 맑은 옥룡천이 흐른다. 용왕 바위가 마을을 수호하는 듯 개천 가운데서 마을을 향해 서 있다. 용왕 바위에는 수백 년 전부터 재미있는 전설이 전해져 오고 있다. 이 바위를 마을 사람들은 '용왕님 바위'라고 부른다.

용왕 바위

토끼 바위

　"용왕이 토끼의 간을 구하려고 거북을 타고 이곳에 왔었대. 꾀 많은 토끼는 끝내 나타나지 않았고. 결국 용왕은 돌아갈 시간을 놓쳐 버려서 돌이 되어 그 자리에 주저앉게 된 거지. 용왕 바위 앞에는 왕자 바위, 뒤에는 종(내시) 바위, 아래에는 거북등무늬가 새겨진 받침돌이 있어서 실화처럼 느껴져. 용왕이 먹었던 물로 보이는 우물(용천수)도 있었대. 지금은 없어 졌지만. 아마도 별주부전은 우리 동네 이야기를 끌어다가 만든 것 같아"라고 이장님은 말했다.

용왕 바위를 제외한 바위와 우물은 2002년 태풍 루사 때 모두 사라져 버렸다. 이장님은 마을의 자랑이자 좋은 관광 상품을 놓쳤다며 아쉬워했다. 지금이라도 지자체나 관련 기관에서 관심을 갖고 모두 복원하여 관광자원이나 교육적 자료로 널리 활용되면 좋겠다.

본래 토끼 모양의 바위는 없었다고 한다. 옛날 이곳을 지나던 노승(老僧)이 '용왕 바위 앞에 토끼 모양의 돌을 만들어 마주 보게 세워 두면 용왕님이 기뻐하여 마을에 좋은 일이 생길 거다.'라고 했단다. 그 말을 들은 마을 주민들이 돌을 깎아 용왕 바위 맞은편 돌 위에 토끼를 세워 두었다. 그러나 매년 홍수 때문에 수난을 겪는 걸 막으려고 토끼를 이장님 마당의 돌 공원 가운데로 옮겨 놓았단다. 언젠가 안전 장치가 설치된다면 제자리에 갖다 놓을 거라고 한다.

주민 모두의 얼굴빛이 환하고 건강미가 넘쳐

옥룡천은 예나 지금이나 여름철이면 아이들이 목욕하고 추억을 쌓을 수 있는 천연 풀장이다. 산이 높고 골짜기가 깊어 아무리 가물어도 마르지 않고 사시사철 맑은 물이 흐르는 곳이니까. 어디 그뿐인가? 백운산을 안고 들어선 옥룡 고을 곳곳이 다 문화재요, 관광명소라 해도 과언이 아니다. 평답을 지나 오르막길을 걷다가 별주부전을 주제로 한 대형 벽화를 만났다. 그 벽을 돌아 마을 회관에 도착했다.

동네 어르신들이 큰 방에서 모여 놀다가 뜬금없이 나타난 필자를 반갑게 맞아 주었다. 어르신들 모두 얼굴빛이 환하고 건강미가 넘쳐나 보였다.

승용차에 실린 휴대용 스피커와 마이크를 가져와서 노래 한 곡을 합창하자고 했다. 어찌나 구성지게 노래를 잘하는지 준비하지 않았더라면 서운했을 뻔했다. 박수를 치고 한바탕 신나게 노래한 후 제일 왕언니로 보이는 어르신께 물었다. "이 마을에 시집와서 행복하셨어요?"라고. 기다렸다는 듯 할머니들이 이야기보따리를 풀어놓기 시작했다.

"서방님 어찌 생겼는지도 모르고 시집와서 첨에는 여간 힘든 게 아니었제."

"낮에 한끝(스무 자), 저녁에 한끝 베 짜는 것도 잼있었어."

"고무장갑도 비누도 엄써서(없어서) 왕겨 껍데기로 얼음 깨고 빨래했당께. 지금은 호강이여."

"이 동네는 인정도 많고 맘도 따숴."

"소 키는 막사가 있어서 냄새가 난께 그거 엄쎌라고(없애려고) 꽃도 많이 숭겄어(심었어). 꽃동네여 꽃동네."

"우리는 마을 입구에서 지켜주는 용왕님이 있어서 다 잘 살아. 부자들이여."

어르신들은 누구나 자신이 살던 곳이 제일 좋다고 말한다. 몇십 년을 함께 부대끼며 개현 마을에서 살아오신 어르신들인데 오죽하랴! 침이 마르도록 동네 자랑하시는 어르신들 말씀에 너무 공감했다.

개현 마을에서 만난 이장님과 어르신들

향교 터로 추정되는 곳

향교 터와 서재동 마을이 궁금하여 다시 개현 마을을 찾았다. 마을 입구에서 이장님을 만나 향교 터로 추정되는 곳을 여쭈었다. 개현 마을 바로 왼편 산기슭을 지목하셨다. 위로 정자나무가 서 있고, 옆에는 개울물이 흐르고, 뒷산이 양팔을 벌리듯 펼쳐져 향교 터를 감싸안은 형국이다. 산이나 언덕이 모두 세 겹씩 두르고 있어 향교 택지로 알맞은 곳으로 보였다. 향교 터는 전해져 내려오는 이야기일 뿐, 고증된 자료가 없어 안타깝다.

맷돌 바위에 얽힌 이야기

맷돌 바위

옛날 개현 마을에 미모가 뛰어난 홀로 된 여인이 살고 있었다. 송천사 젊은 스님이 시주하러 갔다가 그 여인을 보고는 첫눈에 반했다. 얼마 후 스님이 상사병을 앓고 있다는 소문이 돌았다. 마을 앞에 물길이 없어 논농사의 어려움을 알고 있었던 여인은 궁리 끝에 스님에게 내기를 제안했다. 미모의 여인은 '정성껏 밥을 지어 삼(대마) 뿌리로 길쌈을 삼아 만든 밥상보를 덮어 오겠다.'고 했다. 그러면서 스님에게는 '동곡마을 앞에서 개현보까지 용수로를 내어 마을 앞으로 물길을 돌려 달라.'고 제안했다.

스님은 신이 나서 용수로를 뚫어 물길을 돌려 놓았다. 일을 끝내고 여인을 기다리던 스님은 용수로 앞에 높이 7미터에 둘레 5미터의 바위 세 개를 포개어 탑을 쌓았다. 그 모양이 마치 맷돌을 포개 놓은 모습과 같아서 사람들은 '맷돌 바위'라고 불렀다. 사람의 힘으로는 도저히 불가능한 일을 사랑의 일념으로 해낸 것이다. 어여쁜 여인은 정성껏 밥을 지어 약속 장소로 왔다. 그러나 여인을 기다리다가 굶어 죽은 스님의 시신만이 기다리고 있었다고 한다. 맷돌 바위는 현재 소나무가 휘둘러 쌓인 토산 위에 서 있어 정비가 필요한 상황이다. 이 전설 속 용수로는 실제로 둘이다. 큰 냇물에 있는 것이 큰 보(大洑), 중간에 있는 것은 중보(中洑)이다. 《광양시지》제4권 439쪽에서 중보(中洑)를 중보(僧洑)로 적고 있는데 이는 오기인 듯하다.

서당이 있었다는 서재동

서재동(서지박골)은 개현 마을 왼편의 외진 곳에 자리한다. 평답과 개현으로 지나는 삼거리에서 좌측으로 들어가면 서재동이 나타난다. 다리거리에서 서재동 사진을 찍다가 그곳에 사시는 서순례 할머니를 만났다.

"옛날에 우리 마을에 서당이 있
었다는디 지금은 박 씨 다섯 가구
만 살어."

서재동 마을에 사는 서순례 어르신

그윽한 눈빛과 다정한 말씨가 평
화로운 마을 모습과 꼭 닮으셨다. 서재동 아래로 흐르는 옥룡천이 햇
빛에 반짝거려 눈부신 오후다. 인근 사람들이 공부하려고 서당에 가
기 위해서는 돌다리를 건너야 했다. 그 돌다리 이름을 사람들은 '서
당 노디거리'라고 부른다. '노디'는 돌을 듬성듬성 놓아 다리로 이용했
던 징검다리를 칭하는 말이다.

문화의 꽃을 피워 나갈 개현 마을

개현 마을은 풍경 그 자체가 한
폭의 그림이다. 마을 구석구석이
옛이야기를 품고 있어 호기심이 요
동치는 곳이다. 특히 박채규 이장
님을 만나지 않고 옥룡을 이야기하
기 어려울 정도로 고을 사랑이 남
다르다.

개현 마을 박채규 이장

서재동을 한 바퀴 돌아 나오는데 산들바람이 불어와 머리카락이

날렸다. 문득 이장님이 직접 썼다는 〈애기 바람〉이라는 시가 떠올랐다. 여기에 바람을 생각하며 썼다는 이장님의 시를 소개한다.

늙은 소나무에 걸린 사나구줄(새끼줄) 그네를 흔들다 말고
무서리 내린 논두렁에 간지럼을 주다가
추수 끝난 논바닥에 맨살로 뒹굴더니
어느새 냇가에서 갈대숲 비집고
노루처럼 긴 목을 적시더니
동구 밖 아줌마 치맛자락에 매달려 어리광을 부린다
녹슨 대문을 두드리다 담장을 넘어가
빈집 마당을 쓸어 놓고
허름한 문풍지를 진종일 울려댄다 (박채규 시, 〈애기 바람〉 전문)

개현 마을은 작지만 알맹이 가득한 석류 같은 곳이다. 옛이야기와 현재의 삶이 잘 어우러져 있다. 시간이 더 지나가면 묻혀 버릴 수 있는 개현 마을의 소중한 문화자원을 하루빨리 발굴·보존해 나갔으면 좋겠다. 타지역에서는 없는 이야기도 사실처럼 만들어서 스토리텔링하여 관광화하고 있지 않은가! 이는 이장님과 마을 주민의 힘만으로는 해결하기 어렵다. 향교 터·서재동·별주부를 연상케 하는 옥룡천·도선국사가 지나다니던 개고개·맷돌 바위 등 관광자원이 차고도 넘친다. 지자체와 관련 기관, 마을 주민들이 뜻을 모아 문화의 꽃을 피우는 고장으로 거듭나길 기원한다.

글·사진 백숙아

목너머 마을,
항월 마을

항월(項越)은 목너미, 목넴기로 불린다. 대방 마을에서 볼 때 길목 너머 있다고 하여 붙인 이름이라고 한다. 왜 이름을 대방 마을의 관점에서 지었을까 하는 의문이 생긴다. 처음 이 마을에 정착하였다는 강 씨 어르신이 1770년, 영암에서 들어와 옥룡면 용곡리 대방촌을 지나 왕금산과 옥밭골을 넘어 이 산자락에 깃들이던 그때 생각한 이름이 아닐까? 와보니 이곳, 목너미도 '사람이 살 만하다 하는 마음에서 지은 이름이 아닐까?' 하는 생각을 하며 항월 마을로 간다.

항월 마을 전경

왕금산 한옥마을을 지나면 바로 오른쪽에 항월 마을 진입로가 있다. 큰 도로에서는 집이 몇 채 보이지 않았는데 아기자기한 마을이 하나 숨어 있다. 해가 너무 쨍쨍해서 돌아다니는 사람은 보이지 않는다. 행여 마을 어르신을 만나면 어떻게 나를 소개할 것인지 속으로 되뇌면서 고샅길을 걷는다.

방수포로 덮어놓은 우물은 반질반질하던 한때를 다 보내고 이제는 물러앉은 뒷방 늙은이처럼 쓸쓸해 보인다. 시멘트 계단이 오르기 쉽게 나지막하니 산으로 벋어 있다. 막상 올라가 보니 생각과는 달리

항월 마을 회관

좌청룡 은행나무

녹음에 가려 마을이 다 보이지 않는다. 계단 옆 비어있는 줄 알았던 집에서 개 두 마리가 죽자 살자 짖어댄다.

이리저리 둘러보는데 마침 마을 회관이 코앞에 있다. 반가운 마음에 조심스레 노크해 보는데, "어서 오이다, 문 열렸소."라는 말이 들려온다.

일곱, 여덟 분 되는 마을 어르신들이 한창 치매 예방 활동(?) 중이시다. 간단하게 본인 소개를 하니 청일점 어르신이 "나는 이번 판에 들어갈라요." 하시면서 마을 이야기를 들려줄 채비를 하신다.

예전에는 이곳, '목넘기'가 부촌이었는데, 이제는 노인들만 남아서 예

전만 못하다. 한때는 53가구나 되었는데, 지금은 30여 가구 남짓 된다. 외지인들이 집을 예쁘게 지어서 들어오기는 했는데 주말에만 올 뿐 살지는 않는단다. 정착한 세대는 세 가구뿐이라고 한다.

"우리 마을의 좌청룡 우백호가 뭔지 아요?"

잠시 생각해 보는 사이에 좌청룡은 200년 정도 되는 은행나무이고, 우백호는 전각 2개가 앉아 있는 마을 공원이라고 알려주신다. 지금은 마을 회관에 에어컨이 있어서 모두 이곳으로 모이지만 예전에는 여름이면 마을 사람들이 모두 우백호인 우산각에 모여 놀았다.

은행나무는 기세가 등등하다. 둘레는 크지 않지만, 하늘을 향해 힘껏 키를 늘이며 검푸른 잎을 무성하게 드리우고 있다.

"은행이 아조 많이 열려서 가을이면 모두 줏어다가 집집마다 지사(제사) 때 쓰고는 하요."

항월 마을 우물은 지금은 쓰지 않아 덮어놓았지만, 예전에는 모두 이 물을 길어 먹고 살았다. 읍에 나갔다 오는 장꾼들이 이 물로 목을 축이고 동동이나 선동으로 갔다. 우물 아래에는 빨래터 겸 화재 시 소방용수로 쓰이던 작은 연못이 있다. 마을에 개울이 없다 보니 연못을 만들어서 방제수로 썼다고 한다. 지금은 수련과 부레옥잠이 자리를 차지하고 있다.

처음 마을을 연 사람이 강씨라고 했는데, 대대로 항월은 강씨 집성촌으로 알려진 곳이다. 물론 백씨도 있고 서씨, 김씨, 정씨가 골고루 섞여 살고 있다. 서당 선생을 하였던 백중기 어르신이 유명하였다.

항일 독립운동가 서성식은 운평에 있는 서당 견용재에 다니던 어린

학생이었다. 일곱 명의 급우들과 함께 1919년 4월 2일 태극기를 만들어 들고 독립 만세를 소리높여 부르며 읍내를 향해 가다가 왜경에게 잡혀 심한 폭행을 당하고 모두 6개월 내외의 징역형을 받았다. 현재 옥룡초등학교 교내에는 일곱 소년의 의거를 기리는 「칠의사 삼일운동 기념비」가 있다.

"우리 마을은 의사나 약국 하는 사람들이 많애. 글고 별을 단 사람도 있어. 강준이라고, 쉰서너이 됐는디 해군 준장으로 작년에 예편을 했그만." 우리 집안이라는 말에 자부심이 묻어난다.

"옛날에 이곳이 왜 부촌이라는 말을 들었냐 하면, 요 앞에 들이 종자뜰로 불리는디, 7년 대한에도, 7년 큰 가뭄이라 그말이여이, 다른 곳은 나락 종자까지 다 몰라 뿌리는디 이 들에서는 종자는 건졌다 그 말이여. 그래서 종자뜰이여. 쩌그 왕금산이 예전에는 항월이었는디, 지금은 용곡리에 속할 것이여. 용곡과 항월의 경계에 있는디, 왜정시대에 거그서 금이 많이 나왔다요. 한 30년 전인가, 어떤 사람이 다시 금을 캐볼 것이라고 허가를 냈었소, 채산이 맞지 않아 실패했지, 거

항월 노인회장 강대준(84세) 어르신

그다가 한옥마을을 지었는디, 그 산 땅속이 전부 굴이라, 토끼굴맨키로 얼기설기 굴이 나 있는 것을 모다 메우고 집을 지었소."

마을 입구 왕금산은 조그마한 야산인데, 금맥이 맺힌 산이라,

일제 강점기인 1926년에 송진환(宋鎭煥)이라는 사람이 왕금산을 비롯한 이곳 부근의 금·은 광업권을 획득하여 토금을 채취하였다고 한다.

일제 강점기 광양의 금광은 조선 3대 금광에 들 정도로 순도와 질이 양호하였다. 초남과 본정에는 큰 광산이 있었고, 광양은 금과 관련된 지명들이 유독 많기도 하다. 왕금산도 금이 많이 나는 산이라 하여 붙여진 이름이다.

그뿐인가? 은점재는 광양읍 용강에서 임기로 가는 고개로 옛날 이 지역에서 은(銀)이 났었다고 전한다. 진상 어치에는 자철광 계열의 철광석을 원료로 한 원시적인 제철 조업이 이뤄졌다는 생쇠골이 있다. 그러고 보면 광양은 단단한 광석의 땅, 호남정맥의 마지막 기운이 야무지게 맺힌 알짜배기 땅이라는 생각이 든다.

"친목계 같은 것은 지금은 다 없어져 부렀소. 상여계는 상여를 맬 일이 없으니 자연히 없어져 부렀고, 상조회니 하는 동네 계도 노인들만 있다 보니 시나브로 없어졌소. 여그서 저녁이면 밥해 먹는 것이 상조지 뭐." 노인회장(강대준, 84세)이 말을 이어가는데, 주도순(84세) 씨가 말을 거든다. "요새는 날이 하도 더운께 어식아식할 때 바깥일은 다 해 불고 점심 묵고 회관에 오면 놀다가 저녁을 해 묵고 집으로 가요." 그새 어울려 놀던 주민들이 저녁을 준비하러 간다며 일어섰다.

"오늘 제대로 이야기해 줄 사람을 만났네요이. 날을 잘 잡으셨소." 그중 젊으신 분들인데 식구들 저녁상을 차려야 하는 모양이고, 남은 분들은 집에 가봐야 혼자 드셔야 하니 이곳에서 저녁을 해결하고 가는가 보았다. 조기찌개인지 짤박하게 졸인 냄새가 구수하다.

저녁을 준비하는 분이 서화자 씨(85세)이고, 바닥에 앉아계신 분이 공기순 씨(84세), 소파 쪽에 앉아계시는 분이 90세 된 서성님 씨인데 모두 정정해서 깜짝 놀랐더니 "흐흐 앉아만 있어서 그러나 보네. 일어서 걸으면 다 볼 만할 텐데. 오늘은 안 오셨지만, 구십다섯 잡수신 양반을 보면 더 놀래 자빠지겠네." 하시며 기분 좋은 표정을 지으신다.

마을 당산나무가 귀목나무라고 나와 있는데 어디에 있느냐고 물었더니, 태풍에 '자빠져부러서 면에서 와서 철거했다'고 하신다. 큰 팽나무도 고사해 버리고 은행나무가 남아 있는데, 한때 지나가는 장사치들이 팔라고 하도 졸랐지만 끝내 팔지 않았다고 한다. 그때 돈으로 50만 원이면 거금이었는데, 돈도 흩어지고 나무도 없어져 버릴 것 같아 거절했는데 지금 생각해 보면 팔지 않은 것이 천만다행이라고 하신다.

차문절공유사 목판이 보관된 차씨 서원은 예전 자연농원 옆에 있다. "이성웅 시장 시절에 율촌에 있던 것을 이 마을로 가져오게 됐어요. 옥룡에 사는 연안 차씨들 인연으로 오게 되았는갑소. 서원이 크지는 안해요, 쬐깐해요."

차문절공유사 목판은 1995년 전라남도 유형문화재로 지정되었는데, 고려말 학자인 문절공 차원부(1320~1407)의 글과 행적을 엮은 「차문절공유사(車文節公遺事)」를 간행하기 위해 정조 15년(1791)에 만들어진 목판을 이곳 서원에 보관하고 있다. 교서관에서 판각하고 국가기관에서 간행한 것으로 결판이 없고 보존 상태가 좋아 서지학 및 인쇄사적으로 가치가 크다고 한다.

차문절공 목판이 있는 서원

항월 마을은 세월 따라 나이 들어가는 전형적인 우리네 마을이다. 마을 회관은 보건소에서 운영하는 건강지킴이 교실이 운영되고 있다. 마을 회관 벽에는 회관 준공 시(2007년 9월 23일) 희사한 분들의 기부 내역을 액자로 만들어 걸어 두었다. 염소 1마리, 복분자 1박스, 대형 냉장고, 각자 성의를 다한 성금 등이 눈에 띈다. 소박하고 정겨운 항월 마을의 여름이다.

글·사진 정은주

용이 내려앉은 흥룡(興龍)·달이 꽃피운 대방(大芳) 마을

사진 우측이 흥룡, 좌측이 대방 마을

퀴즈 하나. 광양에서 용이 세 마리 사는 동네는 어디일까요? 정답, 옥룡면 용곡리 흥룡 마을. 우스갯소리지만 마을 사람들의 자부심이 뿜뿜 넘치는 이야기이다. 동천을 벗하여 신재로를 따라 올라가다 면사무소 지나 대방교회가 나온다. 교회 옆다리를 건너면 바로 흥룡 마을이다. 강가에 바짝 닿은 초암 마을이 오른쪽, 왼쪽에는 대방 마을이 있다. 신라시대 도선국사가 응골이라 불리는 마을 뒷산이 용이 하늘로 오르려고 머리를 들고 있는 모습이라 하여 흥룡이라 했다는 전설이 있다. 용은 전설에 등장하는 상상의 동물이다. 대신 호랭이굴이라는 곳이 있다. 길이 강과 벗하듯 상서로운 동물들도 순박한 사람들과 잘 지내고 싶었을까?

홍룡 마을은 현재 42가구, 70여 명의 주민이 벼, 감, 매실 농사를 짓고 있다. 다른 마을과 마찬가지로 연로한 어른들이 버거운 농사일을 하고 있다.

햇살이 좀 누그러진 오후 여섯 시경 마을 회관에 들어서니 할머니 일곱 분이 저녁 식사를 끝내고 귀가 준비를 하고 계셨다. 75세부터 88세까지 열 두세 분이 오전에는 집안일을 하고, 오후에는 회관에 모여 놀다가 저녁 식사까지 해결하고 귀가한다. 요양원 대신 기쁨과 슬픔을 평생 함께 나눈 이웃과 자기 마을

서형흠 효자비

에서 노후를 보낼 수 있다면 말년의 큰 복일 것이다. 노인들이 좀 더 청결하고 안전한 환경에서 식사하고 쉴 수 있도록 마을 회관 시설이 조금 더 편리하고 깨끗하게 보완되면 좋겠다는 바람이다.

회관 가까이 용수정(龍守亭)이란 아담한 정각이 서 있다. 이는 애향심이 강한 서정수(徐廷洙) 씨의 아들들이 세워 마을에 기부했다. 홍룡 마을에는 보호수로 지정된 두 그루의 정자나무 있는데, 그중 하나는 수령 500년쯤 되는 느티나무이다. 보호수이지만 진입로에 잡초가 우거져 접근하기가 어려웠다. 또한 1905년 국가의 명으로 문중에서 건립한 서형흠(徐馨欽) 효자비가 있어 이 마을의 기품을 느끼게 하는데 주변이 잡초로 무성하다. 오늘날 부모의 묘 옆에 움막을 짓고 3년 시묘살이를 할 수는 없지만 서형흠의 효도하는 정신은 모든 이들에게

이어지면 좋겠다.

이장 서재석(60세) 씨에게 전화했더니 장거리 출타 중이었다. 여행사를 경영하며 직접 관광버스도 운전한다. 젊어서 객지 생활을 하였으나 28세에 고향에 정착하였다. 요즘은 휴대폰을 이용해 이장 업무를 대부분 하기에 '투잡'을 해도 큰 어려움은 없단다. 대신 부녀회장과 노인회장 두 분이 많은 역할을 하고 있다고 귀띔해 준다. 좁은 마을 길을 좀 더 넓히는 게 장기 과제라고 하였다.

백운산 정상이 훤히 보이는 홍룡과 대방의 두 마을에는 새로 지은 예쁜 새집이 늘고 있다. 새로 이사 온 사람을 통해 마을의 인심과 사정을 들어 보려고 동네 한 바퀴를 돌다가 화초에 열심히 물을 주고 있는 이미정 씨를 만났다. 2년 전에 큰 아이가 대학에 진학하자, 늦둥이에게 좋은 교육환경을 찾다가 자연이 좋은 이곳에 정착하게 되었단다. 비탈지고 평범한 밤밭에 놓일 그림 같은 정원과 주택을 상상한 그녀의 예지력이 놀라웠다. 마을 분들이 친절하고 잘해 주어서 불편한 점은 없단다. 부디 이웃과 잘 어울려 행복한 마을 공동체를 만들어 가길 바란다.

다음은 대방 마을이다. 위쪽으로 항월 마을이 있고 아래쪽으로 홍룡이 있다. 홍룡과는 한동네처럼 붙어있어 예부터 '홍·대방'이라 부른다. 대방의 옛 이름은 연화촌(蓮花村)인데, 훗날 마을 뒷산을 달, 마을을 꽃에 비유하여 '달뜬 아래 꽃다운 마을'이라는 의미로 대방(大芳)이라 했다. 5년 전 왕금지구에 한옥 25가구가 들어서면서 대방은 답곡, 추산 다음으로 세대가 많은 큰 마을이 되었다. 요즘도 계속 집이 들어서고 있다.

태양광 시설이 선 옛 점토골

　마을 뒤로 백운산 줄기가 이어졌는데 밤꽃 만발한 나무가 많다. 멀리 동북쪽 산자락에는 대규모 태양광 단지(사진 안 표시)가 보인다. 이곳은 예전에 옹기를 굽던 점토골이 있었다. 마을과도 꽤 거리가 있지만, 백운산 얼굴에 큰 상처가 생긴 것처럼 보여서 안타깝다.

　올해 4년 차 이장직을 맡은 박경대(53세) 씨는 이곳을 제2의 고향으로 삼고 25년 동안 꿩을 사육하고 있다. 신문에 실을 사진을 찍고자 했으나 한사코 사양한다. 낮에는 꿩을 키우고, 밤에는 읍내에서 치킨집을 하면서도 마을 이장까지 맡아서 힘들지 않을까 생각했는데, 생각보다는 여유로워 보였다. 아마도 사육장이 있는 숲의 기운이 아닐까 싶다. 사육장에는 수천 마리 아기꿩이 병아리 같은 소리를 냈다. 봄 여름에 키워 가을 겨울에 꿩탕을 하는 식당에 공급한다. 가까운 곳에 이런 대규모 사육장이 있다는 것이 놀랍다.

　그는 마을에서 진상 웅동(곰골)까지의 도로가 뚫리는 걸 마을 현안 사업으로 꼽았다. 1980년 4㎞ 전술 도로가 만들어졌고, 이후 지질, 환경 영향 조사와 설계까지 마쳤는데 아직 착공을 못 하고 있다며 아쉬워했다. 사람과 사람, 마을과 마을의 소통과 교류는 길에서 시작된다. 마음을 열고 대화를 나누면 서로 합의점을 찾을 수 있을 것이다.

필자는 직접 그 길을 확인해 보고자 경계 지점인 대방재까지 올라갔다. 이 길은 백운산 둘레길로 '선비 누리길'로 불린다. 조용한 숲길이라 걷기에는 좋지만 포장도로가 아니라서 승용차로는 쉽지 않다.

회관에서 약 2㎞ 정도 달리니 왼편에 송학사라는 큰 사찰이 보인다. 은둔 수행에 전념하고 싶은 주지 스님의 뜻인지 안내 표지판은 없다. 다음 날 전화로 물어보니 선각종 소속의 사찰로 1992년에 세워졌단다.

안내 푯말을 따라 꼬불꼬불 길을 가다가 너른 편백나무 숲을 만났다. 차에서 내려 사진 몇 컷을 찍고 피톤치드를 흠뻑 마실 요량으로 심호흡을 수차례 하였다. 목적지 대방재(해발 584m) 사거리 이정표에는 대방 3.5, 웅동 3.7, 대치재 4.6, 국사봉 6㎞로 표시되어 있었다. 좀 더 안전하고 편안한 길을 만들어 이웃으로 서로 왕래뿐만 아니라 외부 관광객들이 더 다양한 광양 구석구석을 볼 수 있으면 좋겠다. 속히 마을 주민들의 숙원이 해결되길 바란다.

마을 회관에서 노인회장 서정화

대방재 사거리 푯말

노인회장 서정화 씨

(84세) 씨를 만났다. 젊어서 태권도 사범을 한 덕인지 연세보다 훨씬 건강해 보였다. 44년을 함께 한 배우자를 먼저 보내고 8년 동안 홀로 지내셨다. 어린 시절 너무 가난하여 중학교를 못 다녀 잠시 방황했는데 태권도를 배우며 마음을 잡았다 한다. 박정희 정권 시절 새마을운동이 한창일 때 10여 년 이장하면서 마을 길도 넓히고 농토도 샀다. 여순사건 당시 이 마을에도 진압군 형과 봉기군 14연대 군인 동생이 함께 끌려가 처형당하는 비극이 있었다고 전해 주었다.

대방에는 강윤문(39세) 씨가 운영하는 도예 공방이 있다. 학생들의 체험활동도 토우(土偶)를 주로 만든다. 요즈음 그는 '백운산 마을 학교' 교사로 솔밭 섬 공원에서 2주간 유치원 아이들과 자연 놀이 프로그램을 즐기고 있다. 마을에는 또 하나의 멋진 공간인 카페 '그냥'이 있다. 주인 강명심(58세) 씨는 합창 연습을 하러 막 외출할 참이었다. 13년 전 나빠진 건강을 회복하려고 이곳에 왔단다. 약초를 캐고, 가게를 운영하느라 몸은 더 바빠졌지만 음식을 나누며 주민들과 가까이하며 산 덕에 건강이 많이 좋아졌단다. 최근에는 개량 한복 사업을 접고 음식 메뉴를 개발하는 데 힘을 기울이고 있다. 수입이 어느 정도인지 묻지는 않았지만, 카페가 있어 찾아가고 싶은 동네를 만드는데 기여하고 있다.

왕금 한옥촌은 옛 대방과는 다른 마을처럼 떨어져 있지만 행정적으로는 한마을이다. 왕금(王金)이란 이름은 예전에는 하얀 색깔의 흙이라는 '백톳거리'라고 불리다가, 일제 강점기 이 마을에서 금을 채굴했기에 왕금이라는 말이 더해졌다고 한다. 외지인들이 조합을 결성해서 왕금산 만여 평을 개발하여 지금은 영화촬영장 같은 멋진 한옥촌을 만들었다. 전부 한옥이지만 집의 규모나 형태는 제각각 개성이 있다. 25가구 중 대여섯 집이 민박을 겸하고 있어 투숙객도 있지만 관광이나 견학 목적의 외부 방문객도 적지 않다. 주로 은퇴 연령층이 살지만, 퇴직 후 재취업자도 많다.

왕금 마을

한옥촌 3대 회장을 맡고 있는 배병춘 씨는 "한옥촌의 당면 과제는 독립 마을이 되는 것입니다. 마을 회관 건립 부지까지 준비해 두었죠. 장차 한옥 축제 같은 공동체 사업을 해 보고 싶습니다."라고 하였다. 모두 외지에서 귀촌한 직장인들로 농사짓는 가구는 거의 없어 기존 주민들과 여러 면에서 공감대 형성이 어려워 보였다. 25가구 미만의 독립 마을도 많고, 기존 주민들도 동의하고 있어 시 당국에서 한옥촌의 '분가 독립' 주장에 적극 호응해 주기를 바란다. 한옥촌이 잘 보존되어 훗날 지방 유형문화재가 되면 단순한 민박집을 넘어서 조용한 영혼의 쉼터가 되기를 기대한다(2023년 말경 시의회와 시당국의 최종 결정으로 왕금 마을이란 이름을 갖게 되었다. 현재 박찬수 이장 대행을 중심으로 새로운 마을을 만들기 위한 다양한 꿈을 키우고 있다).

마을의 자연, 역사나 인물, 특징, 산업 등을 살펴보면 책 한 권으로
도 다 담을 수 없는 이야기가 있다. 우리 마을 역사를 발굴하는 '마
을 이야기책 만들기' 같은 마을공동체 사업을 시도하여 주민의 마음
을 하나로 모은다면 산적한 문제도 차근차근 풀어갈 수 있을 것이다.

글·사진 박발진

삼정(三精)의 기(気)와
3.1 운동의 정신이 흐르는 초암(草岩) 마을

백운산을 오가며 숱하게 지나쳤지만 단 한 번도 멈춰 서거나 머물러 본 적 없는 '초암 마을'이 올가을 내게 왔다. 수없이 스쳐도 인식하지 못하다가 인연이 닿으면 그제야 눈에 들어오고 비로소 의미 있는 존재가 되듯 옥룡의 여느 한 동네로만 머물렀던 초암 마을이 그랬다.

월애촌, 장암, 진등, 초장… 4중주로 그리는 아름다운 하모니

옥룡의 심장부로 월애촌, 장암, 진등, 초장 네 개의 자연마을을 아우르는 초암 마을은 봉긋봉긋 세 개의 봉우리가 어깨를 결은 세봉암을 병풍처럼 두르고 유유히 흐르는 동천을 사이에 둔 채 상원 마을과 눈 맞추고 있다.

"초암 마을은 나주 나씨가 처음 입촌해 마을을 형성한 나씨 집성촌이고 월애촌, 장암, 진등, 초장 넷 뜸이 합쳐진 마을인데 그중 역사가 가장 오래된 초장 마을을 본뜸(본래의 마을)이라고 불러요." 나숭수(64세) 이장님께서 말씀을 여신다.

수정처럼 맑은 동천이 윤슬로 반짝이고 청량한 갈바람에 갈대가

서걱이는 초암교를 건너 왼쪽으로 돌면 마을 회관과 당산나무가 길 양쪽에 서 있다. 당산나무인 서어나무는 1982년 보호수 지정 당시 수령 220년, 수고 7m, 둘레 2.7m로 나무 밑동부터 뻗은 2개의 줄기 와 요철 같은 수피가 인상적이다.

"회관이 가까우니까 노인들이 전부 와서 많이 놀고 저녁 식사도 같 이 해요. 열흘은 의무적으로 먹는데 자진해서 천 원씩을 내. 이왕이 면 좀 잘해 먹자고 반찬을 사러 가. 그 외에는 여기 나온 사람들이 그냥 수시로 자기들이 밥을 해 먹으니까 쌀이 모자라기도 해요." 진 등 마을 서동석(81세) 어르신이 신나서 말씀하신다.

오후의 햇살이 눈부시게 비쳐 들어오는 마을 회관에는 나숭수(64 세) 이장님을 비롯해 월애촌, 장암, 진등, 초장에서 모여든 10여 분의 어르신들이 빙 둘러앉아 제각기 마을 자랑으로 아름다운 하모니를 이룬다.

풀과 바위가 많은 초암 마을, 문화와 역사 2개의 토대 위에 세워져

초벌로 쓴 원고를 초고(草稿), 계획의 기초가 되는 구상을 초안(草 案)이라 할 만큼 풀로 종이가 귀했던 시절 기록을 위한 좋은 소재였 고 바위 또한 고대부터 중요한 것을 새기는 기록의 장이었던 만큼 풀 과 바위가 많은 초암 마을은 문화와 역사를 이루는 두 개의 토대 위 에 세워졌다고 할 수 있다.

"초암 마을에는 바위가 많아요. 굴바구, 베락바구, 선바구… 베락을

맞아서 베락바구라고 불렀는디 옛
날에는 거기 '성국청'이라는 절이 있
었어. 지금도 가면 기왓장이 있어.
옛날 같으면 나무를 하러 댕겼는데
지금은 갈 일이 없어요 산에. 그러
니까 자연적으로 묵어 덩그레가 돼
가꼬 댕길 수가 없어요."

초암 마을 회관과 당산나무인 서어나무

잔뜩 기대하고 갔는데 다닐 수가
없다는 말씀에 실망하고 광양시지
에 기록된 청동기시대 고인돌을 찾
아 나선다. 초암 마을 진입로를 따
라 동쪽으로 50m 정도 올라간 지점
에 2기의 고인돌이 좌측과 우측에
북동-남서 방향으로 있다. 남서쪽
상석은 상당 부분 도로에 묻혀 있
는 상태로 다수의 성혈이 보이고 상
부에는 나주 나씨 세장산비가 세워
져 있다.

황새알을 닮아 황새바구로 불리는 고인돌

"이게 고인돌이라구요? 여기 마을 사람들은 황새알처럼 생겨서 황
새바구라고 부르는데?" 주민들은 여태껏 황새바구로만 알고 있었던
소나무 아래 바위가 고인돌이라는 게 믿어지지 않는 듯했다.

마을을 다녀와 이틀을 보내고 아무래도 초암 마을 역사의 산증인
인 바위를 눈으로 직접 봐야겠기에 이장님께 바위가 있는 곳을 안내
해 주실 수 있는지 여쭈었더니 마을의 내력을 잘 알고 계신 홍성열

(64세) 님을 소개해 주셨다. 그분의 트럭을 타고 좁고 험한 비탈길을 달렸다.

"베락바위가 두 개인데 한 개는 자궁을 닮아서 자궁바위, 암바위 그래요. 우리 어렸을 때 윷놀이도 하고 숨바꼭질도 하고 비가 오면 애들이 전부 다 이리 비집고 들어가서 비를 피하고 그랬어요. 인력으로 안 되고 벼락을 때려서 쪼갠 것처럼 요 밑에 떨어진 거예요." 홍성열 님이 신나게 말씀하신다.

두 개의 벼락바위 중 하나인 암바위

칡넝쿨로 감긴 선바위

바위가 굴처럼 생겨 동학혁명 때 피난처 역할도 했다는 '굴바구'는 수풀로 뒤덮여 진면목을 볼 수 없었고 거대하게 서 있는 형상이 암바구와 짝을 이루며 수바위로도 불린다는 '선바위'도 우거진 잡초와 넝쿨이 절반 이상을 휘감고 있다.

삼정(三精)의 기(氣)와 3.1 운동의 정신이 흐르는 초암 마을

풍수의 대가 도선국사는 백두산이 백두대간과 호남정맥으로 이어지다 마지막 걸음을 멈춘 백운산에 신령한 세 가지 정기(精氣)가 서려 있다고 했다. 첫째는 봉황의 정기요, 둘째는 여우의 정기요, 셋째는 돼지의 정기로 그 세 정기를 각각 타고난 인물이 광양에서 난다는 것이다.

그중 여우의 정기를 가진 월애가 이곳 초암 마을에서 났다. 월애는 고려 충렬왕 때 공녀로 징발되었으나 빼어난 미모와 지혜로 원나라의 황후로 책봉되었다. 당시 고려 조정은 어려운 국가 대사를 월애를 통해 성사시켰고, 그의 공을 기려 월애가 태어난 마을을 '월애촌'으로 칭했다고 한다.

1902년생인 나성길은 1919년 3·1운동에 태극기를 만들어 만세를 부르는 등 독립운동에 가담해 왜경의 검속과 폭행을 당했으나 굴하지 않고 항변하다 징역을 당했다. 당시 17세였던 나성길은 운평리에 있던 서당 견용재에 다니던 중 "선배들이 독립 만세를 부르다 왜놈들에게 끌려갔는데 우리가 어찌 앉아서 공부만 할 수 있느냐."면서 급우 6명과 함께 행동에 나섰다고 한다.

옥룡초 운동장에 세워진 칠의사 3·1운동 기념비

"우리 아버지가 말이야. 3.1운동 시기에 만세 부리고. 그때만 해도 서당에서 공부를 배웠거든. 미성년자라 감옥살이 좀 하다가 나왔는데 옥룡초등학교 안에 가면 기념비가 있어. 원래는 옥룡면사무소 앞에 있었는데 애들 교육을 시킨다고 그리로 옮겼어." 나성길 님의 자제인 나희수(86세) 어르신의 말씀이다. 현재 옥룡초등학교 내에는 '칠의사 삼일운동 기념비'와 안내판이 설치돼 있다.

삼정의 기가 흐르는 초암 마을은 조선시대 문신 정3품 하계인 통훈대부를 비롯해 종2품 상계인 가의대부, 종2품 하계 가선대부 등을 다수 배출했으며 근현대에는 교육 발전 유공으로 국민훈장 동백장, 황조근정훈장 수상자들이 대거 나왔다.

생명에 대한 본능, '바이오 필리아'를 충족시키는 웰니스 초암 마을

"이장님? 말할 것도 없이 좋지. 젊어노니까 무슨 일이든지 알아서 잘하시고 본받을 점도 많고. 우리 초암 마을은 단합이 잘 돼요. 제사랄지 그런 것도 딴 마을에는 안 갈라 먹거든. 근데 우리는 작년까지만 해도 나누어 먹었어." 긍정에 찬 월애촌 서말순(77세) 어르신의 말씀이다. 일찍이 동갑계, 부녀계, 노인계, 상조계 등을 조직해 서로 상부상조하고 도탑게 친목을 도모해 온 마을답다.

"제가 9년간 이장하는 동안 스무 분이 넘게 돌아가셨어요. 1년에 평균 두 분 정도 세상을 뜬 셈이죠. 원주민은 자꾸 줄고 외지에서 들어오신 분들이 30%쯤 돼요. 연세가 많아 돌아가신 분이 늘면 점차 외지인들이 더 많아지겠죠? 그때는 오히려 화합이 더 잘 되겠죠."

초장 마을에서 태어나 30여 년을 객지에서 살다 귀향해 높은 신망으로 9년째 이장직을 맡고 계신 나승수 이장님의 소회다.

"세봉암에서 계속 내려와요. 그걸 타고 계속 내려와요. 그래 갖고 진등이라고 그러지." 높이 540m에 이르는 세봉암은 세 개의 큰 봉우리로 이루어져 있고 진등은 그 세봉암에서 장암 마을과 초장 마을 사이로 길게 내리뻗은 산등과 그 자락에 형성된 마을을 이른다.

가을 햇살이 눈부시게 비치는 마을 회관의 어르신들

인간은 자연에 둘러싸여 있으면 스트레스가 줄고 집중력이 향상되는데 이는 인간의 유전자에 생명의 본능이 내재돼 있다는 '바이오 필리아' 학설이 뒷받침한다. 초암 마을은 마을 뒷산인 세봉암이 품은 다양한 생태와 끊임없이 흘러가는 생명의 동천을 내려다보는 배산임수의 명당이자 인간 정신에 깊숙이 박혀있는 녹색갈증, 바이오 필리아를 충족시키는 웰니스 마을이다.

소중한 기억을 전해 주신 마을 어르신들과 트럭까지 동원해 우거진 칡넝쿨을 헤쳐가며 따뜻하게 안내해 주신 이장님과 신명 나게 베락바구, 선바구 이야기를 들려주신 홍성열 님 등 초암 마을 주민들은 문화 유전자의 원형인 네버엔딩 스토리를 끊임없이 이어가는 생명력의 표상이자 강한 소프트 파워다.

　　'처음부터 길이 있었던 것이 아니라 사람들이 많이 다니면 길이 되는 것이다. 희망도 그렇다.'

　굴바구를 뒤덮고 있던 수풀과 선바구를 휘감아 오른 칡넝쿨 위로 루쉰의 소설 '고향'의 마지막 문장이 오버랩되었다.

글·사진 이회경

4부

좌청룡 우백호의 활 모양 명당 터에
자리 잡은 석곡(石谷) 마을

남해 고속도로를 지나다 보면 주암을 지나 곡성군 석곡면이 나온다. 우리 고장 옥룡에도 석곡 마을이 있다는 걸 이번 취재에서 처음으로 알게 되었다. 광양읍 출신이라서 봉강이나 옥룡은 한동네나 마찬가지라고 생각했다. 한때는 토요일마다 백운산 둘레길을 한 바퀴 돌았고, 고향에 첫 발령을 받아 무려 17년간이나 직장 생활을 하면서도 그저 스치기만 했다. 익숙한 데라 하여 다 아는 건 아니라는 걸 다시금 깨닫는다.

옥룡중학교와 옥룡초등학교 사이의 석곡교를 지나면 만나는 마을

석곡 마을은 지금은 햇살학교로 새 단장한 예전의 옥룡중학교와 면 소재지에 있는 옥룡초등학교 사이에 있다. 초등학교에 조금 못미처 오른쪽에 있는 다리를 건너면 만날 수 있다. 다리 왼쪽에는 〈석곡 마을〉이라고 세로로 쓰인 거대한 표지석이 서 있다. 그 옆에는 마을의 유래가 적힌 표지판이 비스듬하게 서 있다. 아마도 그곳에 차를 대던 누군가의 운전 미숙으로 빚어진 일이 아닌가 싶다. 그런데 그 표지석에는 내가 취재하려던 석곡(石谷) 대신 석실(石室) 마을이라고 적

혀있다.

표지판에 따르면 석실 마을이 언제 만들어졌는지는 정확히 알 수 없다. 마을 이름의 유래에는 두 가지 설이 있다. 그 첫째는, 마을에 돌이 많아서 주민들이 돌로 집을 짓고 살다 보니 석실(石室)이라고 했다. 또 하나는 '옥동 마을 뒷산 옥녀봉에 옥녀가 앉은 좌석'이라서 자리 석(席)을 써서 석실(席室)이라고 했다는 이야기다.

석곡 마을은 본래 광양형 북면(北面) 옥룡리(玉龍里) 지역으로 추정되며, 1700년대 초기 이후에는 옥룡면에 속했다. 1789년경 『호구총수』에는 옥룡면 석곡촌(石谷村)이라고 하였다. 1912년 행정구역 개편 이전에는 옥룡면 석곡리라 하였고, 1914년 행정구역이 통폐합되면서 옥동리, 초장리, 장암리, 홍룡리, 대방리와 합하여 용곡리(龍谷里)가 되었다. 현재는 광양시 옥룡면 용곡리 석곡 마을이다.

표지석을 지나면 튼튼한 석곡교가 나온다. 자동차로 무심히 건넜다. 그런데 마을 취재를 하면서 구례와 광양에서 교육장으로 퇴직한 서종탁(81세) 님과 연결되었다. 그분은 29년 전인 1994년에 자신이 나고 자란 마을의 역사, 자연환경과 인문환경, 산업, 교통, 마을에 전해오는 지명, 석곡 출신 주요 인물을 정리한 자료를 가지고 있었다. 누렇게 바랜 그 자료를 건네받으면서 한 개인의 노력이 30년 후에 이렇게 쓰이는 게 감개무량했다. 그러고 보면 오늘 우리가 하는 '옥룡이 나르샤' 연재도 지금은 비슷비슷한 마을 소개로, 가치가 없게 느껴질지도 모르지만 세월의 더께가 쌓이면 언젠가는 또 다른 역사로 남지 않을까 싶다. 부디 그러기를 소망한다.

서종탁 선생님으로부터 받은 자료에서 새마을 사업으로 마을 안길 300미터를 포장하고 석곡교가 만들어지게 된 과정이 필자의 눈길을 끌었다. 마을에 돌 석(石) 자가 들어간 것에서도 알 수 있듯이 마을 길은 온통 돌투성이로 이루어져 다니기에 불편했다. 비가 오면 흙이 씻기고 길이 파여 오가는 데 어려움이 많았다. 1970년대에 새마을 운동이 번지면서 각 마을에서는 정부에서 지원되는 시멘트를 받아서 마을 안길을 넓히고, 포장하는 사업이 앞다투어 시작되었다.

당시 옥룡천을 건너는 다리는 '삼정지' 하나뿐이었다. 평소에는 마을 바로 앞에 징검다리를 놓아 건너다녔으나 비가 와서 냇물이 불어 나면 그럴 수가 없었다. 옥룡천 동쪽에 사는 사람들은 비가 내리면 삼정지까지 돌아서 다녀야 해서 불편하기 짝이 없었다. 그래서 마을 별로 다리를 건설하는 붐이 일었는데, 정부 지원금이 부족하여 자체 마을 자금을 보태야 했다.

마을 재정이 비교적 풍부한 대방, 초암, 옥동, 덕천 마을은 그런 과정을 거쳐 다리를 만들었으나 석곡 마을만 그러지 못했다. 다리보다 먼저 마을 안길에서 냇물까지 이르는 300미터의 안길을 포장하였다. 그러나 자체 자금이 없어서 마을의 숙원 사업인 다리를 놓는 일은 요원하였다. 마을 사람들은 가까운 옥동 다리를 이용하였다.

새마을 운동으로 마을의 숙원 사업인 석곡교가 만들어져

그러던 차에 당시 마을 이장인 서종숙 씨가 재일동포 이삼동 씨를 만나 마을의 사정을 설명하며 지원을 요청했다. 그는 이 마을 출신으로 일본에서 사업가로 성공하여 광양읍에 살고 있었다. 이삼동 씨와 정부의 지원으로 석곡 마을에도 드디어 다리가 놓였다. 그러나 주민

의 이런 노력에도 어느 해 홍수가 크게 나서 다리가 쓸려가 버리고
말았다. 2003년 정부의 수해 복구 지원 사업으로 현재와 같은 튼튼
한 다리를 건설하였다.

새마을 사업으로 석곡교를
건설하기 이전에는 냇물에 노
디(징검다리)를 놓고 건너다녔
다. 여름에 큰비가 와서 홍수
가 나면 학생은 며칠씩 학교
를 갈 수 없었다. 노디가 떠내
려가면 다시 노디를 놓아야

석곡 마을 표지석과 석곡교

했다. 마을에는 윗 노디(마을 중심지에서 뒤쪽 들을 지나 지서 있는 곳으로
건너던 징검다리)가 있었는데 그게 면 중심지로 통하는 가장 중요한 통
로였다. 학생들도 대부분 그곳을 건너 학교에 다녔다. 가운데 노디는
뒤뜰에서 이발소 쪽으로 건너는 징검다리인데 학교 가는 길은 가장
가까우나 지대가 좁고 낮아서 비가 조금만 와도 노디가 물에 잠겨 버
렸다. 아래쪽 노디는 석곡과 옥동 마을 사이에 있었는데 읍내 쪽으로
가는 길에 주로 이용하였다.

오래전 여러 사람의 노력 덕분에 만들어진 석곡교를 차로 편하게
건넜다. 다리 주변에 있는 집 두 채는 외지인이 들어와서 지었다. 회
관에 와서 신고식은 하지만 주민 대부분이 70대의 고령인 데 비해 젊
은 분들이 살기에 왕래는 거의 없는 편이라고 서종학(75세) 이장님이
말했다. 300여 미터 직선 도로를 달리면 비로소 석곡 마을이 나온다.
우뚝 솟은 백운산이 동쪽으로 뻗어 억불봉(바구리봉)에서 잠시 멈췄
고, 다시 남으로 길게 뻗어 내리다가 갈밭등에서 우백호(右白虎)를 이

루며 내려와 정기(精氣)등에서 한 줄기는 초암으로, 다른 한 줄기는 석곡 뒤로 뻗어 감나무골을 이루었다.

좌청룡 우백호의 활 모양 명당 터에 자리 잡은 석곡 마을

감나무골은 50년대까지만 해도 마을 바로 뒤에 똘감나무 몇 그루가 있었던 데서 유래한 이름이다. 산이 온통 황토로 되어 있어서 마을 사람들이 집을 짓거나 방을 만들 때 이곳의 흙을 퍼다가 사용했다. 음력 2월 15일, 2월 할매가 올라간다는 날이면 이 황토를 퍼서 부엌에 놓고 대나무 가지를 꽂아 손을 비비며 제사를 지냈다고 한다. 갈밭등에서 남쪽으로 더 내려와 마장(馬場)에서 서쪽을 향해 뻗어 내린 좌청룡(左靑竜) 끝에서 멈추었다. 즉 좌청룡 우백호 사이에 개울 양쪽으로 마을이 만들어져 활 모양의 명당 터에 석곡 마을이 자리 잡았다.

예전에는 큰 골(마장재를 말하며, 옥곡면 수평리 사람들은 광양 오일장, 중학생들은 옥룡중학교를 다닐 때 이용하였다.) 작은 골(마장에서 우백호를 내려와 초암과 석곡으로 갈라지는 등을 정기 등이라 하였다.)에서 흘러내린 개울이 합쳐져서 마을 입구에 조그만 폭포가 되어 못을 이루었는데 이를 '용소'라고 불렀다. 당시에는 꽤 크고 깊었으며, 근처 바위에는 용이 밟고 올라갔다는 발자국 모양이 남아 있다고 전해진다. 지금은 그 개울을 복개하여 그 흔적을 찾을 수가 없다.

옥곡면 수평리 학생들이 옥룡중학교에 다닐 때 이용하던 큰 재

옥곡면 수평리 사람들이 큰 골(당시에는 큰 재라고 불렀다.)을 넘어 옥룡중학교를 다닌 게 신기했다. 그때의 이야기를 현대삼호중공업에서 상무로 퇴직한 주정식(60세) 씨에게 들었다. 그는 옥곡면 수평리 출신으로 옥룡중학교 5회 졸업생이다. 당시 옥곡에는 중학교가 없어서 진상중학교까지 다녀야 했다. 옥곡까지만 해도 6㎞라서 한 시간 반이 걸리기에 그곳에서 버스를 타고 진상중학교까지 다니는 건 불가능했다. 그래서 산길이고, 큰 산을 넘어야 했지만 한 시간 20분이 걸리는 옥룡중학교에 다녔다.

날씨가 좋을 때는 상관없지만 비나 눈이 오는 궂은날엔 어떻게 다녔을까? 수평리에서 산을 넘어 옥룡중학교에 다니는 학생이 한 학년에 열다섯 명쯤이었다. 비가 오거나 바람이 부는 날에는 우산을 쓸수가 없었다. 비료 포대를 옷처럼 만들어 입고, 가방은 비닐로 싸서 태권도 도복의 긴 끈으로 엑스 자로 묶어 등에 업었다. 길이 좁다 보니 일렬종대로 갈 수밖에 없었는데 이때도 여학생은 그 줄의 가운데에 세우고, 남학생이 앞과 뒤에서 호위하듯이 걸었다. 한 시간이 넘으면 이슬에 신발이 엉망이 되기에 학교 갈 때 신는 천 운동화는 석곡마을 뒤 냇가 바위에 숨겨 두고, 마을을 오갈 때는 고무신을 신고 다녔단다. 순천고에 들어가려면 더 공부가 필요했던 주정식 씨는 중학교 3학년 때에는 석곡 마을에서 1년 후배와 자취했다. 수평리 학생들이 가장 부러웠던 건 학교 뒤에 사는 옥동이나 석곡 마을에 사는 아이들이었단다.

마을의 경계로는 남쪽에는 옥동 마을, 서쪽에는 옥룡천을 사이에 두고 상평 마을, 북쪽으로는 되목거리(마을에서 초암으로 넘어가는 길 중 들길과 만나는 삼거리를 이르는 말)와 덤바구(정자나무 옆길을 통해 산으로 올라가는 골짜기를 이르는 말)를 사이에 두고 초암 마을, 동쪽으로는 갈밭등과 마장재를 사이에 두고 옥곡면 수평리와 경계를 이루고 있다.

38호가 사는 석곡 마을에 들어섰다. 오른편에 절이 아닌가 싶은 웅장한 기와집이 보인다. 나중에 주민들에게 확인하니 판사 출신으로 현재는 순천에서 변호사로 활동하고 있는 서현무 씨가 고향으로 내려와 본가 터에 지은 집이라고 했다.

회관에서 화투 치며 노는 마을 어르신, 많을 때는 열다섯도 모여

잘 단장된 골목을 지나 마을 회관에 닿았다. 다른 마을과는 달리 단층이 아니라 높다란 언덕배기에 2층으로 지어졌다. 회관으로 들어서니 양만웅(88세), 김영재(85세), 서순남(86세), 이경애(77세) 어르신이 둥근 탁자 위에 담요를 깔고 의자에 앉은 채 화투를 치고 있다. 옆에는 구경하는 채신례(92세) 어르신도 있다. 서종호(80세) 어르신은 돈을

2009년에 지어진 석곡 마을 회관

왼쪽부터 양만웅, 서종호, 김영재, 서순남, 채신례, 이경애 어르신

세다가 맞이한다. 오늘이 그동안 모아둔 돈을 현금으로 바꾸는 날이란다.

화투판이 끝났다. 어르신께 오늘 찾아온 이유를 설명하니 하필 오늘이냐며 아쉬워한다. 회관에서 밥을 해 줄 때는 평균 열다섯 명 이상이 모이는데 그 사업이 지난 10월에 끝나 버려서 오늘은 적게 모였단다. 시에서 식사비와 밥 해 주는 사람 인건비를 줘서 한 달에 열 번, 1주일에 두세 번 함께 식사한다. 집에서 점심은 각자 먹고 오후 두 시쯤에 모여서 화투를 치거나, 이야기를 나누며 놀다가 다섯 시 반쯤에 저녁을 모여서 먹는다. 열다섯 명이나 앉기에는 회관이 너무 좁은 것 아니냐고 물었더니 "그래서 2층을 올렸는데 아무도 안 올라가요."라는 대답이 돌아왔다.

한 판에 100원짜리 민화투를 친다. "우리는 경찰이 와도 이렇게 치고 노요." 한 어르신이 말한다. 내기에서 진 사람은 100원을 자물쇠가 달린 돈통에 넣는다. 그렇게 모인 돈이 이번에는 27만이 되었단다. 그 돈으로 먹고 싶은 걸 사 먹는다. 심부름은 서종학(75세) 씨가 한다. 그는 10년째 장기 집권 중인 이 마을의 이장이다.

10년째 마을 이장으로 일하며 심부름하는 서종학 씨

이장의 임기는 원래 3년인데 할 사람이 없어서 계속하고 있다. 마침 취재 간 날이 새 이장의 출마 마감일인데 별다른 일이 없으면 또 이장으로 뽑힐 거라고 예상했다. 옥룡에 동갑 셋이 있는데 이번에 다른 마을의 이장이 바뀌면 아마도 최고령 이장이 될 거라고 했다. 마을 자랑을 부탁했더니 대뜸 "우리 마을은 돈을 잘 내요."라고 말했다. 마을에서 다른 지역으로 버스를 대절하여 놀러 가면 나간 돈보다 들어온 돈이 훨씬 많아 적자가 나지 않는단다. 이장은 사람들이 자기를 믿고 신뢰하니 그렇지 않겠냐고 주민들에게 고마워했다. 그렇게 쓰고 남은 돈은 사람들의 간식거리가 되어 준다. 광양 장에서 오징어와 미나리를 사 와서 오징어회를 만들어 먹기도 하고, 아귀찜이나 통닭, 족발을 주문하기도 한다. 이때도 심부름꾼은 당연히 이장님이다. 특별한 문화재나 볼거리가 있는 건 아니지만 햇빛 잘 들고, 양지바르며, 마을 사람들끼리 사이좋게 지내는 게 진정한 자랑거리가 아닌가 하는 생각이 들었다.

철쭉이 심어진 석곡 마을 논

석곡 마을은 논과 밭이 적다. 농토가 적어 아이 키울 때는 힘들었으나 대신 뜰이 넓은 다른 마을 아낙처럼 힘든 일은 안 해 봤다고 서순남 어르신이 말한다. 그나마 있는 농토도 지금은 꽃 묘목을 키우는 순천 사람들한테 빌려줘서 짓지 않는단다. "같이 잡숴. 요리 와, 같이 묵게. 머리 맞대고 묵는 게 좋은 거여." 이경애 어르신이 호두과자를 필자에게 권하며 정겨운 광양 사투리로 말한다.

농촌 마을이 거의 다 그렇듯이 이 마을도 늙어 가고 있다. 젊은 사람이 없고 70대 이상의, 노인 혼자 사는 집이 대부분이다. 전남에서 지방 소멸 위기 지역이 22개 시군 중 열세 곳에 이른다. 이 어르신들이 떠나고 나면 마을은 누가 지키나. 정답게 잘 노는 어르신을 뒤로하고 나오는 길이 마냥 기쁘지만은 않았다. 석곡교로 나오는 길 양쪽에 철쭉과 홍가시나무 묘목이 짧은 겨울 햇빛을 받아 환하게 빛나고 있었다.

글·사진 양선례

구슬처럼 반짝이는
옥동(玉洞) 마을

동천을 따라 백운산 방향으로 가다 보면 멀리서부터 광양햇살학교가 환하게 반기는 마을 옥동. 옥룡에서 가장 찾기 쉬운 마을이 아닐까 한다. 가을걷이가 바빠 도저히 인터뷰할 시간을 낼 수 없다는 이장님과 몇 번의 통화 끝에 옥동으로 길을 나선다. 기다린 만큼 선물처럼 설레는 발걸음이다.

'안터'에서 '옥동(玉洞)'으로 개칭

본래 '안터'라고 불렸던 마을 이름이 '옥동'으로 바뀐 것은 1780년경 뒷산 산수골에서 구슬(金)이 많이 나고부터다. 안터는 '안으로 들어오는 마을'이란 뜻으로 내기(內基) 마을이라고 문헌에 기록되어 있다. 마을로 들어오는 세 가지 길이 있었다는 것으로 보아 안으로 쑥 들어앉았던 모양이다. 일제 강점기에 광산실태를 적은 기록에 의하면 금광의 지하갱도가 200~300m 되었고 커다란 금방앗간이 있었다고 하니 마을 이름이 옥동으로 바뀔 만하다는 생각이 든다.

햇살학교 정문에서 맞은편
논이 끝나는 곳에 아담한 모
습으로 필자의 눈길을 끄는
정각이 있었다. 안린정(安隣亭)
이라는 마을 정각이다. 이름
에 걸맞게 어르신 몇 분이 편

옥동 정각 안린정(安隣亭)

안하게 담소를 나누시다가 어찌 왔냐고 물으셨다. 궁금한 것을 말씀
드렸더니 옥동에서 나고 자란 김정태 어르신(77세)이 금광과 갈암정,
고인돌, 당산제에 대해 이야기해 주셨다. 금광에 가볼 수 있을까 기대
했지만 지금은 바닥에 물이 질척이고 박쥐가 나와서 갈 수 없다고 하
셨다. 금이 나서 부촌이었을 거라고 생각했는데 〈신증동국여지승람〉
이나 마을 삶터 흔적을 살펴보면 금이 나기 이전인 1250년대부터 상
당히 번성했음을 추정할 수 있다.

옥동은 광양 이씨 시조 이무방의 출생지로 알려져 있다. 그는 고려
말, 조선 초에 요직을 거치다가 정1품 광양 부원군에 봉해진 인물이
다. 마을 입구에서 안쪽으로 800m 지점에 터를 잡고 살았다고 해서
그쯤의 거리에 있는 돌담을 찾았지만 언젠가 신문에서 본 이무방의
생가 돌담은 찾을 수 없었다. 이무방과 관련된 흔적은 비석거리라는
그의 선산과 시를 읊고 담소하던 '속각정'을 이르는 '쏘가징'이라는 곳
이 있다.

부자가 많이, 가난한 사람은 안 내도 되는 마을 축제 당산제

옥동교를 건너 햇살학교를 지나 마을로 들어가는 길은 좁고 한쪽 모퉁이가 튀어나와 있다. 차가 다니기 불편해서 튀어나온 담을 깎아내는 작업을 할 예정이라고 이성기 이장님이 말씀하셨다. 필자 역시 마을로 들어가면서 마주 오는 차가 있어 한참을 기다린 후에야 들어갈 수 있었다. 그 담을 지나면 바로 당산나무가 보인다. 당산나무는 1982년 지정 당시 320살이었다. 음력 7월 초하룻날에 나무 앞에서 당

이성기 이장님

산제를 지낸다. 왜 하필 더운 한여름에 당산제를 지내냐고 했더니 그 이유는 정확하게 모른다면서도 옛 어른들이 아이를 낳으면 정결하지 못하다고 하여 당산제를 지낼 수 없기에 6월 말일에 아이를 낳으면 달이 바뀌는 7월 1일에 지낼 수 있고 또 제를 마친 7월 2일에 낳아도 괜찮아서 7월 1일이 아닐까 짐작한단다. 이해가 잘 안되긴 하지만 미풍양속을 이어가는 정신이야말로 과거와 후대를 이어가는 끈이 아닐까 싶다.

그럼 당산제는 어떤 과정을 거쳐서 지냈을까? 먼저 세 명의 제관을 정하는 데서 시작한다. 상처하지 않고 자식도 살아있는 통상적으로 흠이 없는 사람이 제관이 된다. 제관으로 정해진 이들은 당산제 지내기 3일 전부터 부부가 합방해서는 안 된다. 당산나무 앞에서 세 명의 제관이 제사의 형식대로 진행하고 절한다. 제가 끝나면 하루 종일 먹

고 즐겁게 지낸다. 비용은 부자일수록 많이 내고 어려운 사람은 안 내도 된다. 가난한 사람을 배려하고 정을 나누는 당산제 풍습이야말로 지극히 민주적인 방법이 아닐 수 없다. 전에는 외부에서 사람들을 모셔 와 크게 지냈는데 지금은 나이 드신 분들만 있어서 대접하기 힘드니 마을 사람들끼리 지낸다.

이장님은 향교에서 공부하고 졸업한 신축년 생이다. 그곳에서는 정월 초하루와 보름에 제를 지내는데 향교에서 배운 것을 책으로 엮어 당산제에 응용하고 싶다고 하셨다. 마을 일로 바쁠 텐데 더 배우고 싶다고 하시니 정말 부지런한 이장님이다. 시에서 관리는 하지만 당산나무 가지가 자꾸 죽고 있다며 안타까워하셨다.

갈암정과 갈암뜰

옥동교를 건너기 전 오른쪽에 '갈암(葛庵) 이현일(李玄逸) 선생의 마지막 유배지'라는 글이 돌에 새겨져 있다.

"저기 보이는 컨테이너 박스를 돌아가면 샘이 있지. 저기로 꼭 돌아가야 혀."

길을 못 찾을까 봐 이명남 어르신(89세)이 자세히 덧붙여 주신다. 가리키는 곳을 보니 농로 삼거리에서 좌측으로 들어가는 곳이다. 거기에 이현일 선생이 유배 생활을 하면서 떠먹은 샘이 있다.

정각에서 검고 커다란 고인돌은 언덕 위 감밭에 빤히 보인다. 직선으로 난 오르막길로 가면 고인돌이 두꺼비 한 쌍처럼 마주 보고 있다고 하셨다. 신기하기도 하고, 궁금하기도 하여 권하는 귤 하나를 챙

겨 우선 가까운 샘부터 가 보기로 했다.

농로 삼거리에 표식 하나 없는 것이 참으로 아쉬웠다. 컨테이너 박스를 지나 좌측 길로 가다 보면 여기에 뭐가 있을까 싶게 실개천만 무심히 흐르고 다슬기들이 바닥에 붙어있다. 수로를 따라가다가 막다른 집에 다다랐다. 길이 없나 싶어 막연히 서 있는데 필자가 올 줄 알았다는 듯 영화의 한 장면처럼 때맞춰 흰색 승용차가 앞에 와 멈추었다.

10년 전 순천에서 들어와 그 곳에 집을 짓고 사는 부부였다. 샘을 찾아왔다고 하니 '갈 암정'이 바로 담 옆에 있다면서 그때는 모르고 집을 지었는데 샘이 있어서 좋다고 하신다.

대문에서 오른쪽으로 담장을 끼고 수로 위를 조심히 걷

잡초로 덮인 갈암정

다 보면 전봇대를 만난다. 그쯤에서 우측에 도깨비바늘과 잡초가 난 감하게도 무성한 샘이 있다. 처음 집을 짓고는 샘물이 맑고 좋아 사용하기도 했고 언젠가 시에서 나와 샘 안쪽을 보수하고 관리해서 더 좋았는데 지금은 잡초로 덮여 버렸단다. 손으로 잡초를 조심히 헤쳐보니 맑고 투명하다. 가뭄에도 마르지 않을 뿐 아니라 이현일 선생이 떠먹은 역사 깊은 샘인데 관리가 안 되는 것이 너무 안타깝다는 말을 몇 번이나 되풀이하셨다.

"해마다 대학생들이 찾아오기도 하고 관심 있는 분들이 찾아와서 들여다보고 가요. '갈암정'이 있다더라.' 하고 찾아오지만 아무런 표시가 없으니 찾기가 어렵지요. 제발 깨끗하게 관리해 주고 특히 잊혀져 가는 것을 찾는 학생들을 위해 잘 보이게 표시해 주면 좋겠어요."

안주인의 말이다. 지금은 추수한 후로 그나마 낫지만 벼가 한창 자라는 여름에는 옆을 걷기도 힘들단다. 처음 보는 필자에게 흔쾌히 마음을 열고 속마음을 보여준 부부가 감사하다.

갈암 이현일(1627~1704년) 선생은 숙종 때 인물로 인현왕후와 희빈 장씨의 역사적 소용돌이에 휩쓸려 고단한 벼슬살이를 한 영남학파의 거두다. 대사헌 이조판서를 지냈으며 이황의 이기호발설(理氣互發設)을 지지하고 이이의 이기일원론 학설을 반대하였다. 옥동으로 1697년에 유배 왔다가 1698년에는 다압으로 옮겼고 8개월 후 유배에서 풀려났다. 갈암뜰, 갈암쟁이, 갈암정 등 그와 관련된 지명이 남아있는데 지금도 더러 옥동 들판을 '갈암뜰'이라고 부른다. 들을수록 예쁜 이름이다. 그가 지은 〈갈암집〉에 추석날 옥룡사에서 쓴 7언 절구의 시 '팔월십오일 야숙옥룡사(八月十五日 夜宿玉龍寺)' 등 여섯 수가 전해오며 옥룡사와 동백숲, 백계산, 추석 명절에 느끼는 정한 등이 담겨 있다.

도깨비바늘과 도꼬마리, 이름 모를 가시가 옷에 덕지덕지 붙어서 한참을 떼어내야 했다. 전봇대 하나 서 있는 모퉁이 뒤쪽, 갈암 선생의 막막한 유배 생활에 생명수가 되었을 갈암정을 알아볼 수 있는 자그마한 표시라도 있으면 좋겠다.

감나무밭을 지키는 고인돌

　고인돌을 보러 오르막길을 올랐다. 잎이 떨어져 바스락거리는 감나무밭을 걸으니 여기저기서 개가 짖어댄다. 감나무밭 한가운데에 큰 바위 두 개가 있다. 어른들이 말씀하신 두꺼비 두 마리 형상인가 보다. 뒤엉킨 덩굴과 함께 감밭에 뿌리내리고 숨 쉬는 듯하다. 고인돌이라고 하기엔 너무 초라하다.

　사진을 찍은 후 안린정에서 멀리 보이던 큰 고인돌을 찾아 당산나무가 있는 길로 다시 접어들었다. 낯선 어떤 것도 봐주지 않을 작정인 듯 또 개가 요란하게 짖

감나무밭을 지키는 고인돌

는다. 사그락사그락 감나무 잎을 밟으며 아직 가지에 남은 감 몇 개를 쳐다보다가 검은 고래 같은 고인돌과 마주쳤다. 옥동은 청동기시대 지석묘군이 발견된 곳이다. 기원전 8,000년쯤부터 사람이 산 것이 확인되었고 후기 구석기 유물로 추정되는 돌날이 발견된 매우 중요한 역사적 가치를 지닌 곳이다. 고즈넉한 저녁 햇살에 수채화처럼 감나무 가지가 고인돌에 무늬를 그리고 있는 시간, 고인돌다운 위용과 역사적 가치는 어디서 찾을까? 고인돌이 감나무밭을 지키며 후손들에게 무슨 이야기를 하고 있는지 귀 기울여 듣고 싶다.

우리가 젊은 세대여~~

　마을회관에 들르자, 할머니 몇 분이 반갑게 맞아 주셨다. 살아온 이야기야말로 진솔한 역사이다. 눈물겹게 살아온 이야기에 마을 자랑까지 담뿍 담긴다.

　허옥순 할머니(76세)는 옥동으로 시집온 지 55년째다. 가장 많이 변한 것으로 보리밥 먹던 시절이 지나고 지금은 쌀밥을 먹고 골목도 환해진 것을 꼽으셨다.

맨 오른쪽 허옥순(76세), 가운데 김영순(89세) 어르신

　"예전엔 요 마을을 안터라고 했어. 우리 친정 마을에 안터에서 시집 온 '안터 댁'이 있었어. 나는 추동에서 요리로 시집왔고. 여그 사람들은 생활력이 강해서 악착같이 자식을 공부시켜 공무원도 많고 교장도 많이 나왔어. 우리 마을은 서로 따시게 돕고 살어. 모 심글 때 품삯을 안 줘도 와서 도와주니 월매나 고마운지 생각하믄 여직지 고마워. 그때는 남자들이 많았제. 지금은 젊은이들이 다 도시로 가니 어르신들이 농사가 힘들어."

　김영순 할머니(89세)는 자식들이 다 잘 살아서 고생한 세월이 보상된 것 같아 좋다고 하신다. 서울 모 백화점 사장으로 성공한 아들도 있다고 옆에서 말씀하셨다.

"내는 시집와서 날마다 산골짜기 논에서 일했어. 근디 농사가 적어 나무를 해다가 읍에 가서 팔았는디 장에 도착해 보면 아이를 월매나 심하게 포대기로 맺던지 다리가 퍼렇게 멍이 들어 퉁퉁 부었어. 징상한 세월이여. 그래도 지금은 자슥들이 다 잘 사니 고생한 것이 보람이랑께."

어려울 때 이웃의 도움을 많이 받았다고 하신다. 서로 위하고 아끼며 어려울 때 보듬어 주고 잘 먹고 잘 노는 것도 자랑거리가 아닐까? 물 맑고 공기 좋고 감과 밤이

오른쪽부터 김정태(77세), 김병문(82세), 이명남(89세), 정현덕(72세), 정옥순(75세) 어르신

많아 먹을 게 푸진 데다 이제는 햇살학교가 들어와서 마을이 환해지고 깨끗해진 것도 자랑거리라고 말씀하신다.

"젊은이들이 없으니 우리가 젊은이여. 하하하~~"

유쾌한 어르신들의 웃음이 이 마을의 미래이다.

마을을 환하게 하는 햇살학교

광양햇살학교가 들어온 후로 동네가 밝아지고 학교에서 체육대회 하면 마을까지 아이들 소리가 들려서 참 좋다고 하신다. 가로등도 없고

광양햇살학교 전경

전기도 없던 시절은 무서워서 나가지 못했는데 길도 좋아지고 환해져서 마음대로 다닐 수 있다고 한다.

광양햇살학교는 학생 수 감소로 2009년 폐교한 옥룡중학교가 있던 자리에 세워졌다. 광양에는 장애 학생들을 위한 학교가 없어서 여수나 순천까지 장거리로 통학했다. 지역민의 노력 끝에 2022년 봄에 개교하여 지하 1층, 지상 3층 건물의 건물에 19학급(초, 중, 고, 전공과) 86명의 재학생이 다니고 있다.

2018년 서울 동부 지역 공립특수학교인 서진학교 설립이 지역 주민들의 반대에 부딪혔다. 장애 자녀를 둔 학부모들이 무릎 꿇는 사진이 언론에 보도되어 보는 사람들을 씁쓸하게 했다. 전남교육청이 옛 옥룡중학교 터에 특수학교 설립계획을 세운 때가 그 일이 있은 후여서 관심이 쏠릴 수밖에 없었다. 그런데 옥동 마을에서는 환영 현수막을 내걸었다. 옥룡중학교 동문회는 모교 건물 사용에 대해 대안을 마련해 오던 터라 도 교육청의 제안을 받아들이기 어려웠을 것이다.

도 교육청에서는 설명회를 마련했고 마침내 동창회도 환영 현수막을 내걸었다. 양보와 타협이 이끌어 낸 최선의 해결책이었다. 대화와

타협으로 모두가 만족하는 결과를 얻었으니 금상첨화이다. 전국에서 이런 일은 없었다고 하니 옥동마을 주민들의 의식 수준과 배려심을 엿볼 수 있다. 광양햇살학교는 지역사회의 적극적인 지지를 받으며 세워진 전국 최초의 특수학교다. 학생, 학부모, 교육청, 주민 모두가 서로에게 햇살이 됐음을 증명하는 고귀한 결과를 보여 주었다.

마을 포럼 우수상 선정

마을회관 밖에서 손님을 맞아 분주하시던 이장님이 손님을 보내고 잠깐 숨을 돌리고 계셨다. 유난히 취재 날짜를 잡기 어려웠던 터라 마을 전반에 관한 이야기를 얼른 여쭈어보았다. 이장님은 힘 있는 목소리로 2년 전에 마을 포럼 공사 참여 교육을 받은 후 우수상을 받았고 마을 공사 지원에 선정되어 내년에 5억 공사에 들어간다고 자랑스럽게 말씀하셨다. 보기 안 좋은 집이나 담벼락 등을 깨끗이 하고 동네 뒷길도 만들어서 편리하게 오갈 수 있게 하고 싶단다. 문제는 토지 매입인데 사유지를 팔려고 하지 않아서 그게 가장 큰 고민이라고 하셨다.

비가 오면 광양햇살학교부터 물이 불어 넘쳐서 소하천 공사가 반드시 필요하단다. 당산나무 밑 계곡물이 흐르는 아래쪽으로 버스가 들어올 수 있게 정리할 것이라고 한다. 또 차량이 쉽게 오갈 수 있도록 당산나무 주변에 주차장도 만들 계획이다. 마을 환경이 좋아지고 살기 좋다고 소문이 나야 외지에서 들어오는 사람이 많아진다며 마을 인구를 늘리는 데는 마을 분의 협조와 양보가 꼭 필요하다고 하신다.

마을 초입 도로가 좁은 것은 물론이고 튀어나온 담장은 큰 차가 드나들 때 망가질 수밖에 없으니 잘라내야 한다. 진입로를 넓히는 일은 안린정 정자에서 담소를 나누시던 어른들께서도 하신 말씀이다. 마을 발전을 위해 동분서주하시는 이장님의 포부가 빛나 보인다.

말 그대로 구슬처럼 빛나고 금처럼 소중한 마음이 모여 사는 마을 옥동. 멀리서 봐도 환하고 반짝이는 마을, 딱 옥동이다.

글·사진 박옥경

옥룡의 운치는 여기에,
율곡(栗谷) 마을

마을 전체가 절터

율곡 마을은 '밤실'이라고 불린다. 밤나무가 많아서, 밤이 많이 열려서 그렇게 부르지 않나 싶었는데 그게 아니었다. 밤은 제사에 꼭 필요하고 신주위패(神主位牌)를 모실 때도 밤나무가 유용하므로 여러 과일 중 밤을 택하여 율곡이라 불렀다고 광양시지(2005)에 기록되어 있다.

유래야 어쨌든 광양읍에 살던 필자가 중학생 때 옥룡에서 온 친구들을 통해 '밤실'이라는 말을 처음 듣게 되었는데 마을 이름이 얼마나 예쁘게 들렸던지 지금도 기억이 생생하다. 한번은 그 마을에 가보리라 마음먹었으나 생각대로 되지 않았다. 고등학교를 졸업하고, 몇 년이 훌쩍 지나서 논실 마을에 살던 친구가 밤실로 시집을 가게 되었다. 친구는 '밤실댁'이 되었지만 밤과는 전혀 상관없는 생업에 바빠 필자도 밤실에 몇 번 가보지 못했다.

그 기억 속의 예쁜 밤실을 취재차 찾아가는데 내비게이션이 잘못되었나 의심이 들 정도로 마을이 쉽사리 나타나지 않았다. 마을의 끝이 아닐까 싶은 둑의 외길을 몇 구비 꼬불꼬불 지나 드디어 당산나무가 커다란 주차장에 도착했다. 바로 옆에 있는 마을 회관에 들어서니 추석 명절 전이라서 그런지 몇 분 안 계셨다. 통화했던 이장님마저 출타 중이시고 명절 준비를 하느라 늘 나오시던 어르신들도 오늘은 오지 않았다고 하셨다.

율곡 마을 회관

연세가 많거나 이 마을에 오래 산 사람이 있어야 이런저런 이야기를 해줄 수 있는데 다 돌아가셔서 말해 줄 게 별로 없다고 하셨다. 그러면 살아오신 이야기라도 해달라고 했더니 "우리 마을이 절터였당께." 하고 장영윤 어르신(84세)이 먼저 운을 떼셨다. 율곡 마을은 큰 절터라서 옴팍하고 터가 좋은 명당이란다.

"거센 태풍이 와도 산사태 일어날 일 없고 홍수 날 일 없어. 청룡산이 감싸안아서 안전한 마을이여."

마을 뒤 제일 높은 산봉우리가 두리봉인데 좌청룡에 해당하며 동북쪽에 있는 산은 매봉이라 불리는데 우백호에 해당한다. 마을 입구에 들어서는 순간 마을 전체가 둥글고 안온해 보이는 이유가 청룡이 감싸안은 형국이기 때문인 것 같았다.

"우리 마실같이 한 군데 모닥모닥 모여 사는 동네가 드물제. 지금은 저기 삼거리에서 한 길로 뼁 둘러 가면 다시 돌아 나올 수 있게 되었는디 참 터는 잘 잡았당께. 다른 마실에 가 보면 몬당에도 살고 산등성에도 살고 띄엄띄엄 알라궂은 데도 살고 허는디 우리 마을은 반반하니 아담하니 터가 좋아."

동네 입구 장씨 제각 부근을 대문안 거리라 하여 절의 일주문이 있었던 곳으로 전한다. 바랑골, 당사골, 불당, 삼굿도랑, 웃당제골, 아랫당제골 등 율곡은 절과 관련된 명칭이 많다. 광양시지(2005)에 의하면 거대한 주춧돌이 남아있고 다량의 기와가 출토되었다고 하는데 거기에 대한 이야기는 들을 수 없었다.

주차장 옆 당산나무

"마을 길을 정비하느라 어릴 때 올라가 놀던 지석묘도 흔적을 찾을 수 없어. 나이 80 이짝저짝인 우리 같은 사람의 기억에만 있으니께."

율곡 마을은 사실 청동기시대 지석묘가 있었다고 확인되어 마을 연혁이 선사시대까지 거슬러 올라간다. 광양은 전반적으로 여러 군데서 기왓장이나 토기가 출토되고 지석묘군이 남아있으니 율곡 마을의 지석묘는 그다지 희소성을 갖지 못할 수도 있겠다. 그러나 후손에게 물려줄 정신적 가치 중의 하나가 문화재를 잘 보존하는 일이다.

과거와 현재가 공존하는 마을

"우리 시조 할아버지가 장씨였는디 임진왜란 때 경상도에서 요리로 피난을 와 가지고 장씨 집성촌이 되었제. 그때 저 당산나무를 심었다는 말이 있는디 말하자믄 400년도 넘었제. 어릴 때는 그네를 매어 놀았구만."

약 480년 전 순천 장씨가 처음 입촌하여 마을을 형성하였다고 전하고 있고 현재도 장씨가 많이 살고 있다. 주차장을 만들고 정자를 지으면서 곁가지와 주변의 몇 그루를 베어 버려서 풍성한 맛이 없고 볼품없어졌다는 당산나무는 보호수로 지정된 1982년 기준으로 400년 된 느티나무다.

마을의 옛 모습은 거의 사라졌다. 2년 전 마을 길을 정비하면서 많던 돌담을 허물고 새로 만든 담벼락에 벽화도 그려 새로운 마을이 되었다.

"마을 길을 새로 내기 전에는 돌담으로 이어진 골목이 많아서 엿을 들고 냅

잘 정비된 골목길

다 도망치면 엿장수가 잡도 못 해. 이 구녕으로 쫓아가면 저 구녕으로 달아나는 바람에 엿장수가 길을 잃고 도저히 못 잡았당께."

다시는 돌아갈 수 없는 추억 속의 마을 풍경을 그리워하는 듯 어르신들 모두 허허허 웃으면서 이야기를 이어가셨다.

마을 길이 정비되기 전 돌담이었을 때는 택시도 안 들어오려 했고 트럭은 더구나 들어오기 어려웠다. 장경식 어르신(79세)은 언젠가 추석에 고향에 오면서 차 앞뒤 문짝을 담 모퉁이에 긁혔는데 설에 똑같은 자리를 긁혔다며 웃으신다. 지금도 불거진 그 모퉁이가 그대로 있다.

편안한 고향, 2차선의 숙원

"출세하려면 도시로 나가야 허는디 그 뭐냐 쌍둥이가 있었어. 장선식, 장정식이 쌍둥이 둘 다 고시 합격해서 출세했고 장일홍이라고 심계원 감사를 했고 박주호가 교육부 계장을 지냈제. 장보식이라는 사람은 변호사여. 장영일이라는 사람도 박사 학위 따고 서울대를 졸업했고……."

"우리 둘이는 객지에 나가 살다 63년 만에 돌아와서 뭘 잘 몰러."

산골 마을에서 태어나 도시에 나가 고시 합격하고 박사 학위 따고 윗집 장샌 아들은 출세해서 미국 가서 살고 이렇게 인재가 많이 난 마을이라고 자랑하셨다. 이런저런 이야기 끝에 장경식 어르신과 배경두 어르신(80세)은 문득 고향에 돌아온 이유를 풀어 놓았다. 다른 큰 이유는 없고 내 집이니까 돌아왔단다. 노후는 고향에서 편안하게 살아야 한다고.

"옛날에는 사람 살기가 좋았제. 나무 연료 흔하제, 농사지을 때는 풀을 많이 뜯어 쓸 수 있어서 사람들이 많이 들어와서 살았어. 그때 한 85호 이상 되었을 거여. 그래농께로 우리 동네가 옥룡에서 두 번째로 큰 동네였제. 근디 교통이 너무 불편항께 교통 좋은 디로 다 나가 부렀어. 요새는 우리 동네가 그리 큰 동네가 아녀. 지금은 한 4~50호 될랑가."(2023년 7월 31일 기준으로 인구 현황을 살펴보면 57세대가 살고 있다.)

사람들이 마을에 들어와 살지 않는 이유는 첫 번째로 교통이 불편하기 때문이다. 마을이 발전하려면 2차선 도로가 우선적으로 있어야 하는데 이 마을은 아직도 단차선 도로이다. 덕천 마을까지는 2차선이 났는데 우리 마을은 참으로 오고 가기 힘든 외길이라고 했다.

"현재 복개 공사를 하고 있는디 암튼 2차선이 나야 버스가 올라오고 사람들이 많이 다니제. 이사 올 때 트럭을 거꾸로 해서 뒷꽁무니부터 올라왔당께. 돌지를 못허니께 나갈 때를 생각해서 그랬제. 지금은 주차장이 생겼으니 그나마 다행이제."

주차장에 서 있는 당산나무에도 당산제를 지냈을 거라고 추측하는 필자에게 기우제 지낸 바위 이야기를 들려주셨다.

율곡 마을 장영윤 이장님

배경두(80세), 장경식(79세), 장영윤(84세)
어르신(왼쪽부터)

"쩌 뒷산에 쇠보탕(쇠바탕)이라는 곳이 있는디 마당처럼 넓고 평평해서 소를 거기따 놓아 풀을 먹였어. 그 곁에 산제당이 있는디 큰 바위라. 비가 안 오면 기우제를 지내서 비가 오고 했당게."

"제가 가볼 수 있을까요?"

"못 가, 못 가. 길도 없고 갈 수 없어. 가다가 힘등께 죽을지도 몰러."

길이 없어 못 간다고 손사래를 치시는데 정말 확인할 수 있는 건 돌담밖에 없었다.

삼거리라고 불리는 곳에서부터 골목을 따라 마을을 한 바퀴 돌아보았다. 돌담을 그대로 두고 그 위에 시멘트 담으로 단장한 곳이 여러 군데 눈에 띄었다. 담장에는 벽화가 멋지게 그려져 있었다.

마을의 주 농사는 감, 밤, 매실, 고사리, 벼농사이다. 감나무가 산밑을 감싸고 매실나무가 하천 쪽을 빙 둘러 있어서 옴팍하고 아늑하다.

정자 지붕 위에 낙엽을 떨구고 있는 당산나무가 있는 주차장으로 나왔다. 마을에 올 때 기대와는 달리 선사시대까지 거슬러 올라가는 율곡 마을의 역사를 눈으로 볼 수 없어서 여전히 아쉬웠다. 지석묘나 대문안 거리, 절터, 주춧돌 등의 흔적을 확인할 수 없었지만 어르신들 마음에 남아있는 마을 모습을 기록으로 남기는 것도 의미 있는 일이라 생각하며 율곡 마을을 떠났다.

도중에 마을로 들어오는 차를 만날까 봐 걱정하면서 필자도 2차선 도로가 생기기를 간절히 바랐다. 터가 좋은 만큼 더 많은 사람들이 들어와서 추억 속의 예쁜 밤실 마을이 나날이 더 발전하기를 기대한다.

글·사진 박옥경

마을 지킴이 상적바구가 사는
덕천(德川) 마을

상적바구는 돌담이 되어 마을을 지키고 있네

덕천 마을은 율천교를 건너면서 시작된다. 다리를 건너면 오른쪽으로 솔밭섬이 있고 왼쪽으로 무궁화밭이 있다. 작은 다리(이것도 율천교)를 하나 더 지나면 340년 수령의 보호수 팽나무가 오랜 세월 지나온 이야기를 들려주는 듯하다. 왼쪽에 위치한 아담한 우산각 부근에서 마을이 올려다보인다.

덕천(德川)이라는 지명 유래는 명확하지 않으나 처음에 '덕내'라고 부르다가 국사봉에서 내려오는 물이 옥룡천에 합수되기 전 마을 한 가운데를 흘렀으므로 이름에 내천(川) 자를 붙여서 덕천이라고 불렀다고 짐작한다(2005 광양시지). 옥룡면 율촌리에 속하고 행정리상 덕천이다.

덕수 노인회라는 간판이 붙은 회관에 들렀다가 거기가 약속 장소가 아니란 걸 알고 다시 마을 회관으로 차를 돌리느라 이장님과의 약속 시간보다 조금 늦었다. 이장님이 마중나와 계셨고, 안으로

주태준 이장님

들어가자 감사하게도 여러 어르신들이 환영해 주셨다.

미리 조사해 간 물방앗간과 돌확터, 상적바구에 대해 여쭤보았다. 물방앗간과 돌확터는 흔적이 없어 알 길이 없다고 하셨다. 필자의 관심을 끈 것은 '상적바구'인데 '상제(上帝)바구'라고도 한다. 옛날 매년 10월이면 하늘에 제사를 지냈던 바위로 동네의 안녕과 무병장수를 빌었다. 2005년 기준으로 약 30년 전부터 제사를 지내지 않았다고 한다.

필자가 마을 복판에 있다고 알고 간 상적바구는 마을 회관 정면 돌담 속에 있었다. 아주 작은 화단이 그 앞에 있고, 조각 난 상적바구가 지탱하고 있는

돌담에 박힌 상적바구

돌담 위에는 개인 소유의 경작지가 있다. 작년에 도로가 나면서 벌어진 일이라고 하는데 그 전에 상적바구를 보지 못한 게 몹시 아쉽다.

문명이 주는 편리함과 옛것의 보존이라는 선택에서 옛것이 손해를 보는 경우가 많다. 돌담에 박혀 있는 돌조각이 어떻게 상적바구라는 것을 알 수 있을까? 자세히 보면 질감과 무게감이 남다르게 다가오니 저렇게라도 남아있는 것을 다행이라고 해야 할까?

상적바구는 평상시에는 밤에 도적을 지키려고 바위에 올라앉아 야경을 서던 곳이다. 밤실과 덕천은 가까이 붙어 있어서 상적바구에 올라가서 "밤실 덕천 이상 없음"하고 큰 소리로 외치면 옥동 주민이 옥룡 지서에 연락했다는 것이다. 주민들의 안전을 맡았던 상적바구는 마치 자신들의 무덤인 양 돌담 여기저기에 조각 난 몸으로 박혀 지금

도 변함없이 마을을 지키고 있는 셈이다.

태풍 루사 극복 기념관과 솔밭섬

　덕천 마을의 자랑거리 중 하나는 솔밭섬이다. 주차장 입구에 눈에 띄는 돌담집이 있다. 저 집이 무얼하는 곳일까 늘 궁금했지만 가까이 가서 들여다본 적은 없다. 더구나 공교롭게도 필자가 솔밭섬에 갈 때마다 관광버스가 입구에 주차하고 있어서 현판을 한 번도 보지 못했다. 현판이 어엿이 붙어 있는 것을 발견한 것은 이 글을 쓰고자 세 번째 방문했을 때이다.

　하천섬에는 집이 네 채 있었는데, 태풍 '루사' 때 계곡물에 휩쓸려 집 세 채가 떠내려갔다. 이에 광양시는 1930년에 건축된 남은 돌집 한 채를 2009년 8월 31일에 '태풍 루사 극복 기념관'이라는 현판을 걸고 기념관으로 조성했다. 이장님 말씀으로는 원래 천석꾼 술도가 집이었다고 한다.

　기념관에는 2002년 8월 31일에 발생한 태풍 '루사'의 피해를 극복한 현장 사진과 수해복구 때 사용되었던 장비들이 있다. 후손들에게 자연재해와 대비의 중요성을 깨닫고 교훈으로 삼기 위해서, 또 위기를 극복하고자 하는 광양시의 노력을 남기기 위한 것이라고 한다.

　태풍 루사로 광양시는 특별재난지역으로 선포되는 등 피해가 막대했다. 당시 서천변 벚나무가 있는 둑방까지 물이 차올라 광양읍도 물에 잠길까 두려웠던 기억이 난다. 문이 잠겨 기념관 내부를 볼 수 없었지만 창문으로 들여다보니 루사로 입은 피해를 극복하는 주민들의

모습이 담긴 사진과 조형물이 보
였다. 솔밭섬은 태풍 루사가 만든
섬이라는 말을 들은 적이 있어서
국토지리정보원에서 사진을 찾아
보았다. 1969년에는 광양읍까지
이어지는 동천의 본류로 왼쪽에
물길이 있었다. 그곳을 논밭으로

태풍 루사 극복 기념관

개간하면서 물길을 오른쪽으로 바꾸었다. 그런데 태풍 루사가 휘몰
아치면서 개간한 논밭이 황폐화되었고 물길이 양쪽으로 생겼다. 이때
만들어진 곳이 바로 솔밭섬이다. 자연은 예측하지 못한 것들을 사람
에게 주기도 하고 가져가기도 한다.

　이야기 중에 이장님 부인이 치킨에 막걸리 상을 차려 내오셨다. 오
늘 이·통장 한마음 체육대회에서 이장님이 교육장상을 받으셔서 한
턱내는 거라고 하셨다. 박수를 치며 축하하는 분위기가 드라마 '전원
일기'같이 즐겁고 훈훈했다. 배고픈 참에 필자도 치킨을 맛나게 먹으
며 어르신들의 이야기를 계속 들었다.

왼쪽부터 주태준 이장님, 주석남(72세), 성필영(77세), 이삼백(83세), 장재도(82세),
김옥준(77세), 김삼동(76세) 어르신(여자는 제외)

솔밭섬에 놀러 오는 사람들이 목줄 푼 개를 방치하거나 배설물 처리를 안 해서 걱정이라고 하셨다. 며칠 후 필자가 솔밭섬을 다시 찾았다. 배설물을 잘 치우고 목줄을 채우고 산책하는 사람들이 있는 반면 그대로 두고 가는 분도 있었다. 여러 사람이 사용하는 공간인 만큼 공중도덕은 필수다. 쾌적한 환경을 즐기려면 높은 시민의식이 동반되어야겠다는 생각이 들었다.

안전한 마을에 대한 바람

요즘 걱정이 더 생겼다고 이구동성으로 하시는 말씀은 최근 마을에 유입 인구가 많아지고 차량 통행이 빈번해진 데서 오는 불편이다. 속력을 줄이지 않을뿐더러 한밤중에 조심성 없이 달리는 자동차 소리에 잠을 깨기도 한단다. 특히 우산각 사거리에서 사고가 몇 번 났기에 과속방지턱 설치와 마을 입구에 '30㎞' 속도 제한 표지판도 꼭 필요하다고 하신다.

몇 군데 볼록거울을 더 설치했으면 하는 바람도 말씀하셨다. 우산각 사거리에서 조금 더 마을로 올라가다 보면 오른쪽으로 골목이 있는데 볼록거울이 하나 더 있어야 오가는 차량을 확인할 수 있다는 것이다. 또 다른 한 곳은 상적바구 돌담이 있는 마을 회관 앞 삼거리인데 거기도 골목이 있어서 차의 진행 방향을 알 수 있는 볼록거울이 필요하다고 하셨다.

2023년 7월 31일 기준 덕천 마을 인구는 69세대다. 앞으로 10가구 정도 더 들어올 수 있는 택지가 조성되었다고 하니 인기 있는 마을임이 틀림없다. 인구가 늘어날수록 서로 행복하게 살기 위해 지켜야 할 것들도 많아진다.

며칠 전 덕천 마을을 다시 찾아 미처 둘러보지 못한 무궁화밭 데크를 걸어보았다. 데크 몇 군데가 심하게 파손되어 있었다. 무궁화가 져버린 지금은 찾는 사람이 별로 없다 하더라도 당연히 위험해 보였다.

글로 쓰기 미진한 부분이 있어서 이장님을 다시 만나 자세히 들었다. 시간을 내주신 이장님께, 그리고 진심을 담아 이야기를 들려주신 어르신들께 감사드린다. 덕천 마을이 솔향기 풍풍 풍겨 나오는 힐링의 솔밭섬 마을로, 보다 안전하고 아름다운 마을로 나날이 눈부시게 도약하기를 기대한다.

글·사진 박옥경

지명대로 이루어진
재동(才東) 마을

중마동에서 옥룡으로 가는 지름길은 사곡에서 옥룡 산남리까지 이르는 사곡로이다. 구불구불 산길을 달리다 보면 광덕사라는 이정표가 나타나고 거기서부터 목덩이재 내리막길을 만나게 된다. 곧 당산나무가 있는 마을을 지나서 좀 더 가면 주차장이 도로에 인접해 있는 곳에 눈길이 머문다. 광양읍에서는 동천을 따라가다가 솔밭섬이 보일 즈음 오른쪽에 있는 재동교를 건너면 재동 마을을 만날 수 있다. 오갈 때마다 주차장 선이 두 개여서 특이하다고 생각했던 곳이다. 마음속에 담고 있으면 만나게 되는 인연처럼 마을도 그런가 보다. 오늘은 재동 마을과 연이 닿았다.

이야기터 우물

추수하느라, 요즘은 생강 캐느라 바쁘다는 재동 이장님과 취재 날짜를 조율하는 동안 마을을 둘러보았다. 나중에 알고 보니 이선만 전 이장님과 일정을 맞추느라 늦어졌다고 한다. 아무도 없는 마을 회관을 지나 골목을 걷다가 길 높이보다 한참 낮은 곳에 있는 우물을 발견했다. 마침 손빨래하고 있는 할머니 한 분이 계셔서 반가웠다.

왜 세탁기 안 쓰시냐고 했더니 땀과 흙이 많이 묻어서 그날 입은 것은 그날 빨아 넌다며 세탁기보다 내 손이 더 낫다고 하셨다. 비누도 손수 만들어 쓰신단다.

"겨울에는 따습고 여름에는 등목을 못 할 정도로 물이 차요. 옛날에는 부락 사람들이 이 우물 하나로 다 먹었어. 빨래함시롱 수다 떠는 재미도 있었제."

불이 나면 화재 진압도 하는

재동 마을 우물터

등 다용도로 쓰였지만 상수도가 들어온 후에는 간간이 빨래를 하거나 간이 허드렛물로만 사용한다. 재동과 떨어져 있는 동전 마을에도 우물이 세 개 있다는데 필자가 확인한 바로 지금은 메워져 흔적만 남아있다.

재궁(才宮)과 동전(東田)을 합쳐 재동(才東) 마을이 되었다

재동 마을을 지날 때마다 언제 이장님을 만날 수 있을까 고대하다가 드디어 날을 잡을 수 있었다. 이장님은 누군가를 트럭에 태우고 윗마을로 가야 하니 뒤따라오라고 하셨다. 도착하고 보니 늠름한 당산나무가 필자의 마음을 사로잡았던 바로 그 마을이었다. 차 한 대정도 지날 수 있는 길을 따라 '동전 경모당'이라고 쓰인 단층 벽돌 건물에 도착했다. 이선만 전 이장님이 방바닥을 따뜻하게 해놓고 기다리고 계셨다. 이건준 이장님은 올해 이장직을 맡으셔서 아는 게 별로 없다며, 동전 마을에 사는 전 이장님이 이야기를 많이 알고 있어서 이리로 온 거라고 하셨다. 이선만 전 이장님은 이장직을 3년만 한다는 게 또 하게 되고 또 하게 되고 그러다가 무려 21년을 했다.

"여기 동전은 남쪽 산이 소가 풀 뜯어 먹는 것 같이 보인다고 해서 목동(牧童)이라고 했다가 밭 동쪽에 있다고 동전(東田)으로 바뀌었어. 저 아랫마을은 순천 박씨가 처음 살았고 그 문중

동전 경모당

제실이 있다고 제궁으로 부르다가 난중에 두 마을 첫 자를 따서 재동(才東)으로 부르게 된 거여."

두 마을이 떨어져 있으면서 한 행정구역으로 묶여 있으니 일하는데 불편이 많을 것 같다고 했더니 이장님은 조상들이 그렇게 살아서 두 마을이 한 운명 공동체라고 하셨다. 독립 마을로 나누길 원했으나 인구가 못 미쳐 두 마을이 합해질 수밖에 없었다고 한다.

호열자를 막은 당산나무와 청정수 재동제(才東堤)

동전 마을 입구 당산나무는 1982년 보호수로, 지정 당시 300년 수령인 느티나무다. 높이

동전 마을 당산나무

18m, 둘레 4.8m로 기록되어 있다. 이선만 이장님이 재미있는 이야기를 들려주셨다.

호열자(콜레라)가 유행할 때였다. 동네 어른이 잠자고 있는데 패랭이를 쓴 두 사람이 당산나무를 지나 마을로 들어오고 있더란다. "어디 가냐?" 물으니 "이 동네 개 잡으러 갑니다."라고 해서 "우리 마을에는 개가 없으니 가거라."고 했더니 돌아서서 가버렸다고 한다. 그 꿈을 꾼 후 다른 마을에는 호열자로 사람들이 많이 죽었는데 이 마을은 당산나무 신이 지켜주어서 무사했다고 믿고 있다고 한다. 당산나무의 신령스러움은 풍물놀이에서도 나타난다. 정월 초하루나 보름에 풍물놀이를 할 때 서투른 사람이 징을 치면 징이 깨지는 일이 여러 번 있었단다. 지금도 무속인들이 찾아와 나무에 대고 빌거나 굿을 한단다. 마을의 수호신이라고 인정받은 나무지만 당산제는 지내지 않는다고 하니 신기한 일이다.

마을 동쪽에 있는 재동제(才東堤) 저수지는 옥룡에 있는 네 개 저수지 중의 하나로 1943년에 준공되었다. 이장님은 짐승이 빠져 죽은 일조차 없이 깨끗한 곳이라고 자랑하신다.

지명대로 이루어진다

재동에는 지명에 얽힌 이야기가 많다. 동전 마을 남쪽 도령골은 도령이 소에게 풀을 뜯기면서 새를 보는 곳이라 '샛골'이라고도 한다. 승려가 죽어 화장했다고 전하는 송장등에는 중바위가 있고 골짜기는 '호박통곡'이라 부른다. 송장이 많아 '까마귀골', 동전에서 죽림리로 넘어가는 곳은 산 고개 밑이라 하여 '목덩이재'로 부른다. 동전 마을 형태는 선박 모양이어서 지하수가 안 나온다. 스무 군데 이상 120m까지 파는 수고를 했으나 결국 실패했다. 물이 나와 배가 가라앉으면 안 되기 때문이라고 생각하고 있단다. 지명에는 대부분 유래가 있으니 마을마다 당산나무가 있는 것처럼 신기하다. 쇠 섬이라 부르던 곳에 광양제철소가 생긴 것이나 진상에 있는 낙수 마을이 수어댐 밑에 위치하게 된 것도 그렇다.

동전 마을은 산 중턱에 앉은 마을이라 드문드문 돌담을 끼고 계속 외길 오르막이다. 마을 끝까지 올라가 보고 싶다 했더니 감사하게도 이선만 이장님이 농노에 쓰는 전동차를 태워주셨다. 중간에 마주 오는 차를 만나면 뒤로 한참 물러나야 하는 구조는 좁은 시골길의 한결같은 형태다. 마을은 얼마 가지 않아 끝나고 뒤쪽으로 감밭이 나타났다. 타지에 살던 가족들이 와서 함께 주렁주렁 열린 감을 따는 화목한 모습도 보였다.

경찰을 많이 배출하고 재동계로 단합한 마을

마을 출신 인물로는 옥룡면 중대장을 지내고 제2대 통일주체국민회의 대의원을 지낸 김상중 씨, 여수 경찰서 수사과장(경정)을 지낸 황순현 씨, 제21대 옥

왼쪽부터 황학래(76세), 이선만 전 이장(75세),
이건준 현 이장(69세), 하종호 씨(69세)

룡면장과 제35대 광양향교 전교를 지낸 서기용 씨, 사법고시에 합격해 서울고등법원 대법원에 재직했고 현재 광주지방법원 가정법원에서 근무하고 있는 황민웅 판사 등이 있다. 이유는 모르겠지만 이 마을에 유독 경찰 출신이 많다. 황민웅 판사의 사촌 형님 황학래 씨(76세)는 재동에서 이건준 현 이장님과 트럭을 같이 타고 오신 분이다. 황학래 판사 이야기가 실린 인쇄물을 가져와서 감사했다.

오래전부터 마을에 애경사가 있으면 동네 사람들이 3, 4일씩 그 집에서 살다시피 하면서 일을 치렀다. 그 전통은 지금도 이어져 애경사에 열일을 제쳐놓고 협동하는 풍습이 있는 마을이라고 하셨다. 재동계가 결성되었을 때 타지에 나가 사는 이들도 마음을 모아 마을을 지켜나갔다고 한다.

과수 농사가 주 수입원

재동 마을은 벼농사보다 매실과 감, 밤 등 과수 농사가 주 수입원이다. 올해는 비도 많이 오고 병충해가 심해 수확량이 얼마 안 된다. 겉보기는 풍년 같지만 심한 경우 작년에 대봉 250박스 수확하신 분이 올해(2023년)는 대봉 2박스 수확에 그칠 만큼 소출이 적단다. 멧돼지 피해가 원인이기도 하다. 추수 때엔 더 극성이란다. 밤사이 농산물 피해가 이만저만이 아니라며 시에서 멧돼지를 처분해 주었으면 하셨다. 멧돼지는 상품성이 있는 과일만 골라 먹고 사람 손 탔다고 의심되면 피하는 영물이란다. 이선만 전 이장님도 멧돼지 때문에 고사리 농사를 몽땅 망친 적이 있다며 멧돼지 퇴치를 강조하셨다. 동네에는 멧돼지, 오소리, 너구리, 노루, 수달 등 짐승들이 많이 다녀서 청정지역이라는 증거가 되긴 하지만 농사에 미치는 막대한 피해는 어떻게 막아야 할지 고민스러워 보였다.

마을 발전을 위해 필요한 것들

160미터쯤 남기고 중단된 농노길 정비, 차 한 대 겨우 다닐 정도로 좁은 골목길과 불편한 돌담 정비, 마을을 돌아 나올 수 있는 외곽도로 증설 등 이장님에게 떨어진 숙제가 많다. 재동교는 옥룡과 봉강, 중마동을 연결하는 역할을 하고 있지만 모서리가 직각이어서 차가 긁히지 않도록 항상 긴장해야 하니 부드러운 타원형으로 만들면 좋겠다는 바람도 있었다.

광덕사 입구에서 마을로 들어오는 내리막길에는 수로가 없다. 그러다 보니 산에서 내려오는 물이 그대로 길로 흘러 질척거린다. 겨울에 미끄러지면 왼쪽에 있는 집까지 위험하다고 이건준 이장님이 말씀하셨다. 필자도 지날 때마다 조마조마했다. 겨울이 더 깊어지기 전에 공사를 해주었으면 하는 말씀도 덧붙이셨다. 재동을 포함해 네 군데 정도 씨씨티비(CCTV)를 설치하면 훨씬 살기 좋은 옥룡이 될 거라고 입을 모았다. 어떤 일이든지 책임을 맡은 사람은 해야 할 일도 많고 아쉬운 점도 많다. 책임을 맡는 것은 희생이 따르는 일이기도 하다.

노인정을 좋게 지어야제

동전 경모당은 2017년에 광양에서 처음으로 지은 노인정이다. 건립 당시 자부담 500만 원이 필요해 백방으로 구한 끝에 희사해 주신 분들이 있었다. 그 돈으로 친구와 손수 경모당을 지었다. 그러다 보니 완공 후에는 오히려 1,600만 원이 남아 주변 땅을 사서 길을 넓히고 주차장을 만들었다.

동전 경모당 건축 후원자 명단

현금뿐만 아니라 시계, 이불, 화환, 가스레인지 등의 물품 목록까지 기록되어 있다.

"우리 손으로 지어서 부실하고 손 볼 데가 많아. 가장 바라는 게 있다면 이젠 노인정을 정말 좋게 짓는 것이여." 노인정을 다시 멋지게 지어 달라는 바람을 꼭 써달라고 하신다.

마을 이야기를 나눈 적이 없어서 잘 생각나지 않는다고 하시면서도 이선만 전 이장님이 들려주신 여러 이야기는 시간 가는 줄 모르게 재미있었다. 길잡이 역할을 해주신 이건준 현 이장님, 인물 이야기를 들려주신 황학래 어르신과 중간에 오셔서 마을 이야기를 들려주신 하종호 어르신(69세)께도 감사드린다. 목딩이재를 넘어 재동을 지날 때

마다 한 번 더 돌아보며 인연에 대해 생각하게 될 것 같다. 자세히 보
아야 아름답다. 재동 마을도 그렇다.

글·사진 박옥경

옥룡의 관문, 좌청룡 우백호 배산임수의 명당, 갈곡(葛谷) 마을

옥룡의 관문, 갈곡 마을을 찾아 나선다. 은빛 억새가 가을 햇살에 부서지는 옥룡천을 가로질러 갈죽교(폭 5m, 총연장 58m)를 건너니 담장 벽화 정겨운 은죽 구판장이 반긴다. 오른쪽으로 가면 은죽 마을, 왼쪽으로 가면 마침내 갈곡 마을이다.

호랑이 등줄기 같은 푸른 백운산과 일별하고 마을 어귀에 들어서니 바오밥나무를 연상시키는 우람한 느티나무가 이정표처럼 듬직하게 서 있다. 1982년 보호수 지정 당시 수령 350년을 자랑하는 이 당산나무는 둘레 5.6m, 높이 12m로 카메라에 담기 위해 수십여 발자국을 뒤로 물러나야 했다.

마을의 안녕을 기원하는 소망으로 뿌리내려 400여 년 동안 마을의 상징이자 자랑으로 이곳 갈곡 마을 사람들의 희로애락을 함께했을 당산나무 곁에는 사모지붕의 수수한 정자가 葛

당산나무와 갈홍정

洪停(갈홍정)이라는 이름표를 단 채 깃들어 있다.

　어귀를 돌자 장풍득수(蔵風得水), 바람은 감추고 물을 얻는다는 풍수의 입지를 제대로 갖춘 갈곡 마을이 장대하게 꿈틀거리는 좌청룡 우백호 산등성이에 감싸여 옥룡천을 내려다보는 전저후고, 배산임수 명당의 기운으로 품어 안아준다.

갈곡 마을에는 왜 서씨가 살지 못할까

　갈곡 마을은 광양시지에 따르면 본래 광양현 북면 옥룡리 지역으로 추정되며 갈곡촌, 갈곡리로 불리다가 1914년 행정구역 개편으로 죽산리, 계곡리, 운하리, 갈곡리와 사곡면 기두리 일부 지역을 병합해 운하와 계곡의 이름을 딴 운곡리에 속하게 되었다고 한다.

　갈곡(葛谷)의 유래를 살펴보면 처음 입촌한 김 씨가 밭에서 일하다 발견한 칡뿌리를 심은 것이 번식해 '칡이 많은 고을'이란 의미에서 갈곡이라 칭하였다는 설과 '갈'은 '산'의 옛말로 '갈라지다'의 의미도 있어 '산골 마을' 또는 '산이 갈라진 곳에 위치한 마을'이란 설이 있다.

　밭두렁에서도 담장에서도

갈곡 마을 회관

열정 넘치는 정현순 이장

탐스러운 감을 매단 감나무가 멀뚱멀뚱 쳐다보는 평화로운 갈곡 마을을 거닐다 여러 갈래 길이 모이는 곳에 자리한 마을 회관의 문을 빼꼼 여니 정현순 이장님과 어르신들 몇 분이 넉넉한 얼굴로 맞아 주신다.

갈곡 마을은 1580년경 김씨와 서씨가 동서에 각각 터를 잡고 정착했는데 김씨 일가는 날로 번창하는 반면 서씨 가문은 점점 궁색해져서 서씨는 마을을 떠나고 김씨 일가가 마을을 형성했다고 광양시지는 기록한다.

"쥐실은 서씨가 못 산다 그래. 옥룡천 건너 산본 마을에는 괴등골 형상의 산이 있는데 그 괴등골이 우리 마을 쪽을 이렇게 웅크리고 보고 있대. 그래서 고양이가 웅크리고 있으니까 오금이 저려서 쥐가 못 산다 그 말이야." 정현순 이장님의 말씀이다.

"괭이가 건너온다고 냇물이 좁은 데도 노둣돌 두세 개 놓고 다리는 안 놨어. 산본 마을은 농토가 별로 없고 우리 마을에 들이 있으니까 산본 사람들이 낮에 노둣돌을 놓으면 우리 마을 사람들은 고양이가 못 건너오게 밤에 몰래 노둣돌을 훼손시켰다는 이야기가 전해져 내려오거든." 어르신들의 이구동성.

"당산나무가 있는 구릉 왼쪽 30~40평 되는 동네 땅을 숲으로 채워 괴등골에서 마을이 보이지 않도록 했는데 그건 서 씨가 못 사는 갈곡 마을이 오히려 쥐실이었지 않았나. 쥐를 보호하기 위한 방책이었던 것 같고." 다시 이장님 말씀이다.

순수하고 흥미진진한 이야기다. 건넛마을 고양이 형상의 산과 이 마을에 서 씨가 살지 못하는 건 무슨 연관이 있으며 쥐실 마을에 오히려 쥐의 뜻을 가진 서 씨가 살지 못하는 아이러니는 무엇인가.

마을 주민 모두가 인물이고 자랑인 장수 마을, 갈곡

갈곡 마을은 좌청룡 우백호 배산임수의 명당에 걸맞게 조선조 사헌부 감찰부터 국회의원, 경찰서장, 판사 등을 두루 길러냈으며 화랑무공훈장, 국민훈장 동백장 수상자도 다수 배출되었다.

학사장교 최초 장성 진급의 영예를 안은 정현석 장군, 사법고시에 패스한 기세룡, 기세운 두 형제가 그 기운을 이어가고 있지만 "나는 여기 앉아 계신 분들이 모두 인물이라고 생각해. 여기 계신 분들이 95세야. 102살 되신 분은 요양원에 계시고 아무튼 장수 마을이야. 그게 자랑거리지 뭐." 세상을 바라보는 정현순 이장님의 따뜻한 시선을 엿본다.

지나간 날들을 추억하며 마을 자랑에 신난 어르신들은 안온한 얼굴에 이름도 곱디고운 이형화(95), 소화심(95), 정금심(94), 정묘순(85), 김갑순(82)으로 평균 90세에 이르고 은발에 파마를 한 멋쟁이 이장님이 일흔여덟으로 가장 젊다.

갈곡 마을의 자랑인 어르신

흥미진진한 스토리 가득한 '걷고 싶은 이야기 마을, 갈곡'

갈곡 마을 진입로는 '돌이 박혀 있다'는 뜻을 가진 '독배기 길'로 불리고 마을 앞인데도 독배기 북쪽 들판을 '뒷들'이라고 부르는 것에서 '독배기 마을'이 있었다는 전설이 전해져 내려온다.

원래는 10여 개 바윗돌이 군락을 이루고 있었는데 1960년대 농사에 걸림돌이 된다며 깨뜨리거나 묻어 없애 지금은 논두렁에 3개만 남아 있다고 길가에 세워진

돌담이 정겨운 갈곡 마을

'독배기(돌박이) 전설' 안내판이 친절하게 알려 준다.

이 외에도 갈곡 마을에는 탕건처럼 생긴 '탕건 바구', 속병에 좋은 약수가 났다는 '물산', 쐐기를 박아 놓은 형국인 '씨아구 배미', 흉년에 쑥밥과 논을 바꾸었다는 '쑥 배미' 등 흥미진진한 스토리가 차고 넘친다.

김갑순(82) 어르신은 "우리 할머니가 '물산'에서 나는 약수를 팔아 돈을 많이 했는데 누가 개고기를 먹고 갔는지 그때부터 부정을 타서 그냥 물이 끊어진 거야."라며 안타까워하신다.

최근에는 마을 만들기 사업 공모에 선정돼 집집마다 빨간 우편함과 문패를 달고 마을 한가운데 우물을 아담하게 복원하고 담장을 단아하게 꾸민 '걷고 싶은 이야기가 있는 갈곡 마을'로 소통하고 협력하는 공동체의 상징을 보여줘 부러움을 사고 있다.

마을 회관에 북카페 만들고 재능 기부하는 스토리텔러, 정현순 이장

"올해 말로 임기가 끝나는데 제일 아쉬운 게 우리 마을에 큰샘, 웃뜸샘, 삼밭골샘 우물이 3개 있거든. 큰샘은 세심정, 웃뜸샘은 세신정, 삼밭골샘은 소원을 빌었던 샘이니까 소원샘으로 이름을 짓고 몸과 마음을 정화시켜 소원을 빌면 이루어진다 그런 스토리를 만들려고 했는데 못 한 거야." 갈곡 마을에서 나고 자라 객지에서 푸른 청춘을 보내고 고향을 찾아 귀촌한 지 11년, 10년째 마을을 이끌어 가고 계신 정현순 이장님의 말씀이다.

"마을 회관에 모이면 책도 읽고 차도 한 잔씩 할 수 있으면 좋겠다는 생각에 북카페를 만들었어요. 외지에 사는 자식들이 애들 데리고 오면 회관에 동화책이라도 있어야 읽어주면서 시간을 보내고 그럴 거 아니예요." 그런 취지에서 회관 내에 북카페를 만들었다는 정현순 이장님은 '어린이책 스토리텔러 3급', '스토리텔러 2급'

갈곡 마을 북카페

자격증을 딴 감성 스토리텔러로 동화구연, 동극 등의 재능기부로 도서관, 보건소 등에서 어린이들을 만난다.

마을의 이야기들이 사라지는 것이 안타까워 '독배기 전설' 안내판을 세우기도 했다는 정현순 이장님은 "자꾸 지방 소멸, 소멸하니까 그게 제일 안타깝죠. 우리 마을은 광양읍권과 가까우니까 생활권은 좋잖아요. 주거 여건이 개선되고 복지가 잘 되면 아무래도 이주해 들어오는 사람이 있겠다 싶어 마을 만들기 공모 사업도 신청해 우편함 달고 담장 정비도 하니까 다들 예쁘다고 집을 사러 오긴 하는데 잘 이루어지지는 않더라고……" 안타까움에 말을 잇지 못하신다.

강산도 변한다는 10년, 주민의 건강을 위해 걷기 동아리를 만드는 등 살고 싶은 마을 조성으로 쉼 없이 달려온 이장님의 땀방울은 누구나 걷고 싶은 마을과 어르신들의 인정 가득한 눈빛으로 열매 맺은 게 아닐까.

땅의 형상과 기운에 마을 주민의 이상과 가치가 총체적으로 수렴된 것이 지명이라 할 때 '갈곡 마을'은 척박한 땅에서도 빠르게 잘 자라는 생명력 강한 칡처럼 대대손손 번영할 것이다.

알면 사랑하게 되는 걸까. 어느새 정이 담뿍 들어버린 갈곡 마을, 열정 넘치고 감성 가득한 이장님과 소년 소녀처럼 환하게 웃으시던 어르신들의 표정이 편집된 가을하늘처럼 가슴에 뭉클하게 박혀 들어왔다.

글·사진 이회경

은하수가 흐르는
은죽(銀竹) 마을

은죽 마을을 찾아 나선다. '은죽'이라는 지명은 베일에 싸인 신비감으로 호기심을 잔뜩 불러일으킨다. 광양 읍내를 벗어나 옥룡천을 가로지르는 갈죽교를 건너니 은죽 구판장이 반긴다. '아, 여기가 은죽 마을이 맞구나' 안도감을 주는 고마운 이정표다.

은죽 마을은 옥룡 천변의 '은하' 마을과 동네 안쪽 '죽산' 마을을 아우른 이름이다. 광양시지에 따르면 은죽 마을은 본래 광양현 북면 옥룡리 지역으로 추정되며 죽산촌, 운죽리 등을 거쳐 1914년 행정구역 개편으로 계곡리, 갈곡리, 사곡면 기두리 일부 지역과 함께 운곡리에 속하게 되었다고 한다.

은하수가 흐르는 은하(銀河)
마을, 왜 샘을 못 파게 했을까

옥룡천을 따라 단정하게 들어선 은하 마을은 정갈하고 고즈넉하다. 탐스러운 감을 주렁주렁 매단 감나무가 담장 너머

단정하고 고즈넉한 은하 마을

로 가지를 길게 뻗고 호기심 어린 표정으로 이방인을 쳐다본다. 은하 마을 끄트머리에는 이제 겨우 나이테를 만들어 가는 어린 팽나무가 마을의 희망처럼 찬란하다.

은하 마을은 처음에는 '운하(雲河) 마을'로 '운하정이'로도 불렸는데 마을 옆으로 흐르는 물줄기 형상이 하늘의 은하수를 닮았다고 해서 은하(銀河)로 바뀌어 지금에 이르고 있다고 한다.

"은하 마을은 배 형상이야. 우리 시아버지한테 들었어. 전에 우리 젊었을 때 새미(샘)를 팔라니까 못 파게 해. 그래서 저 냇가에서 여다 먹었어. 샘을 파면 마을이 가라앉는다고……." 정윤순(78세) 어르신의 말씀이다.

고개가 갸우뚱해지는 대목이다. 은하 마을이 배 형상이고 배가 가라앉는 것을 염려해 샘을 못 파게 했다면 마을의 이름은 운하(雲河)가 아니라 운하(運河)가 아니었을까.

운하(運河) : 육지를 파 인공적으로 강을 만들고 배가 다닐 수 있게 한 수로

대나무가 많은 대뫼, 죽산(竹山) 마을은 왜 세금을 면제받았을까

'ㄱ'자로 꺾어 들어 죽산 마을을 향하니 흰 구름을 머리에 인 백운 산을 배경으로 당그래산이 덩그러니 앉아 있고 가을걷이를 마친 빈 들판은 무한한 자유와 여백으로 평화롭다.

죽산 마을은 예로부터 야산에 대나무가 많이 자생해 '대뫼'로 불렸으며 임진왜란 때는 마을의 대나무로 화살대를 만들어 공급했다고

한다. 조성기(88세) 어르신은 "임진왜란 때 여기 마을 대나무로 화살대를 만들어서 전쟁터에 내보냈어. 그래서 우리 마을은 세금도 안 냈대."라며 어깨를 으쓱하신다.

신우대가 마을을 병풍처럼 두르고 있는 죽산 마을

"대나무가 많고 특히 신우대라고 화살 만드는 재료가 있어요. 광양읍 유당 공원에 국궁을 쏘는 유림정이 있었는데 거기에도 화살을 공급했대요. 광양읍에 사는 내가 아는 선배도 화살 만든다고 여기로 이사를 왔고요." 칠십 평생을 광양읍에 사시다 9년 전 이 마을에 둥지를 틀고 3년째 이장직을 맡고 계신 백상선(70세) 이장님께서 덧붙인다.

옥룡의 관문인 은죽 마을에 '용머리'가 있는 건 우연일까

덮어버리면 물이 죽는다고 열어 놓은 마을 우물

은죽 마을은 용머리를 시작으로 태봉산, 당그래산 등 야트막한 산들이 병풍처럼 마을을 에워싸고 있고 죽산 마을 한가운데는 한겨울에도 따뜻한 우물이 있다.

죽산 동남쪽으로는 부드러운 능선이 꿈틀거리는 용의 등처럼 길게 내리뻗었는데 그 형상이 용의 머리를 닮아 '용머리'라고 부른다. 옥룡의 관문인 은죽 마을에 용머리가 있는 것은 단지 우연일까. "갈죽교가 만들어지기 전에는 용머리 부근 징검다리를 건너다녔는데 비가 많이 오면 오래 사신 어머니들 표현을 빌리면 젖가슴까지 물이 닿았대요. 머리에 다라이를 이고 수박을 팔러 읍내까지 갔대요." 이장님의 전언이다.

태봉산은 높이 277m로 '전에 봉화를 올렸다'고 광양시지는 기록하고 있지만 구체적인 내용은 없어 아쉽다. 손삼례(87세) 어르신은 "선녀가 아기를 딱 보듬고 있는 형상이어서 옥녀봉이라고 불렀어. 태(胎)를 안고 있어 태봉산이잖아. 아기가 없는 사람은 공을 드려 아기를 낳기도 했어."라고 말씀하신다.

당그래 산은 논이나 밭의 흙을 고르거나, 씨 뿌린 뒤 흙을 덮을 때, 곡식을 모으거나 펴는 데 쓰는 연장인 '고무래'를 닮아 얻은 이름으로 너른 들판을 내려다보고 있는 형상이 영락없이 고무래다.

죽산 마을 한가운데는 마을 우물이 청동기 유물처럼 자리를 지키고 있는데 "뚜껑을 덮어버리면 물이 죽는다고 해서 열어 놨는데 항시 물이 좋았거든. 겨울에는 언 손에다 물을 뿌리면 금방 녹아. 뜨뜻해." 손삼례 어르신의 자랑이다. 덮개를 완전히 덮으면 물이 죽을까 봐 살짝 열어둔다는 어르신들의 모습에서 만물을 대하는 태도와 지혜를 본다.

다양한 산업에 종사하여 활기가 넘치는 도농복합도시, 은죽 마을

죽산 마을 초입에 있는 은죽 마을 회관은 이국적인 당종려나무 두 그루가 마을의 수호신처럼 좌우로 서 있고 사모지붕에 대나무 그림이 그려진 현대식 정자가 '은죽정' 현판을 달고 이웃해 있다. 마을 회관과 은죽정 사이에 있는 고목은 이 마을의 당산나무인데, 2~3년 전부터 이유도 없이 시름시름 앓다 죽어서 마을 어르신들이 안타까워했다.

경로당을 겸하고 있는 마을 회관에 들어서니 백상선 이장님과 어르신들이 반가움과 호기심 섞인 얼굴로 낯선 이방인을 맞아 주신다. "은죽 마을은 37세대 87명이 거주하고 있는데 옥룡

당종려가 이색적인 은죽 마을 회관

면 인구를 3천 명 정도로 볼 때 약 3%로 인구 비중은 낮지만 도농 복합도시로 다양한 산업에 종사하고 있어요." 이장님의 마을 소개다.

"경로당에 주로 와서 노시는 분들이 모두 열두 분인데 그중 열 분이 여자고 나머지 두 분이 남자예요." 이장님 말씀처럼 모이신 분들도 정옥희(95세), 손삼례(87세), 반옥심(69세) 세 분이 할머니시고 조성기(88세) 어르신이 유일한 청일점이다.

읍내가 가까워 시장도 가깝고 초, 중, 고 학생들이 자라나고 있는 은죽 마을은 과거와 현재, 전통과 미래가 공존하는 활기 넘치는 도농 복합도시다.

마을 회관에 모인 백상선 은죽 마을 이장님과 마을 어르신

삶의 애환을 풀어주는 은죽 마을의 참새방앗간, 은죽 구판장

"처음에는 구판장에 오는 사람이 젊은 분도 꽤 있었어요. 그런데 이제는 늙어가는 모습을 보는 게 속상해요. 연세 드시면서 몸도 편찮아지시니까 그만큼 발길이 줄어 얼굴을 못 뵈니 안부도 궁금하고 그런 게 안타깝죠."

은죽 마을의 참새방앗간 은죽 구판장

은죽 마을에 이사 와 3년을 살다 우연한 기회에 17년째 은죽 구판장을 운영하고 있는 강진희(46세) 씨 말이다. 갈죽교를 건너면 소박하고 정겨운 벽화로 방문객의 무장을 해제시키는 은죽 구판장은 막걸리 한 잔으로 삶의 절절한 애환을 풀어주는 주민들의 쉼터이자 뿌리

치기 힘든 참새방앗간이다.

"새로운 손님이 찾아오시기는 해도 옛날 같은 그런 정겨운 분위기가 아니니까 아쉬워요. 그래도 여기서 오래오래 계속하고 싶어요. 동네 어르신들이 한 분이라도 들를 수 있는 공간이 되고 편하게 와서 쉬다 가실 수 있는 데가 되면 좋겠죠."

아이가 자라서 학생이 되고 청년이 되는 건 보기만 해도 배부른 일이지만 푸르던 청춘이 늙고 병들어 가는 걸 한자리에서 지켜보는 건 쉬운 일이 아닐 테다. 은죽 구판장은 수많은 사람의 청춘과 추억을 간직한 공간인 만큼 주인장의 바람대로 오래오래 그 자리에서 마을 사람의 참새방앗간이 되고 여행자들을 반기는 환대의 장이 되길 소망한다.

반짝이는 은하수가 흐르고 가을바람이 맑은 대숲을 흔드는 곱디고운 은죽 마을, 그곳에는 마을 발전을 위해 동분서주하시는 젊은 청년 백상선 이장과 물이 죽을까 봐 우물의 뚜껑을 열어두고 대뫼, 옥녀봉 등의 이야기를 들려주시는 어르신과 마을의 이정표로 쉼터와 환대가 되는 은죽 구판장이 숨 쉬고 있다.

글·사진 이회경

박발진

아파트를 떠나 옥룡면 남정 마을로 이사 온 지 13년 차다. 우리 마을에는 아기는 물론 초등학생도 한 명 없다. 점점 쇠락해 가는 농촌 마을을 절감한다. 그래도 마을은 여전히 내 영혼의 안식처이다. 마당에 달빛이 잔잔히 내려앉으면 이웃집 개 한 마리가 별똥별을 향해 짖어 고요를 깨뜨린다. 백운산과 섬진강이 있어서 광양은 더욱 광양답다. 한말(韓末)과 해방 후 수많은 청춘들이 마을에서 백운산으로 들어갔는데, 그들의 외침은 책 속에 더 담지 못해 아쉽다. 그래서 '마을 글쓰기'에 계속 연연하고 있다. 이 글을 2023년에 썼는데 채 한 해가 되지 않았는데 일부 수정했다. 그만큼 농촌도 빠르게 변화하고 있다.

박옥경

한 번도 가보지 않은 마을로 향하는 마음은 언제나 설렌다. 전화기

속 이장님의 "어디 뭐 쓸 것이 있을까 몰러. 그냥 한 번 와 보시오." 목소리는 어느 마을이나 공통이지만 막상 가보면 자랑거리도 수두룩, 이야기꽃도 한 아름이라 필자는 수첩에 주워 담느라 바쁘다. 산속으로 쑥 들어앉아 저기에 마을이 있을까 하는 곳부터 도로가에 있어 오며 가며 눈에 익은 동네까지 취재 후에는 남다른 애정의 눈으로 바라보게 된다. 신문이 나와 가져다드리면 마을 회관에서 함께 읽는 모습도 얼마나 정겨운지 모르겠다.

낯선 동네에 발을 들여놓고 처음 보는 분들과 취재하는 과정은 쉽지 않다. 이장님과의 전화 통화도 잘 안되고, 바쁜 농사일로 만나기로 한 날짜를 몇 번씩 변경해야 할 때는 과연 누구에게 도움이 되는 일을 하고 있나 의문이 들기도 한다. 어떻게 써야 이 마을을 가장 잘 담아낼 수 있을까 고민하며 여러 차례 마을을 둘러보기도 했다. 이런저런 사정이야 어쨌든 발품 팔아 진심을 담은 신문이 나오면 한결같이 기뻐하신다. 그래서 필자는 또 다른 만남을 기대하며 낯선 마을로 즐겁게 향할 수 있었다.

여의주를 품은 옥룡의 기상은 참 맑고 힘차고 따뜻하다. 농촌 어디나 개선되어야 할 문제점과 풀지 못한 숙제 같은 일들을 안고 있지만 그것 또한 앞으로 무엇을 해야 할지 방향을 제시하는 것일 게다. 이장님들은 새로운 일을 추진하기 위해 몸을 사리지 않는다. 다음에 찾아가면 마을이 더 새롭고 성숙한 모습으로 반기겠거니 생각하는 이유이다.

재미있는 전설, 역사의 흔적, 사적인 스토리, 개선해야 할 여러 가지 것에 대해 때론 장황하게, 때론 한숨 쉬며, 때론 자랑스러운 목소리로 된장국처럼 구수하게 들려주신 모든 분들께 진심으로 감사드린다. 특히 필자가 만났던 옥동, 율곡, 덕천, 재동 마을 어르신들이 보다 건강하시고 마을도 원하는 대로 더 발전하기를 기원한다.

정겹고 포근하고 보람 있는 시간을 내어주신 이장님과 어르신들 감사합니다.

방승희

농촌 마을을 취재하며 어르신들의 이야기를 듣고 전통과 현안을 기록하는 과정은 매우 뜻깊은 시간이었다. 어르신들의 지혜와 경험은 큰 배움이자 감동이었다. 농촌의 현실적인 문제들을 깊이 이해하는 데도 도움이 되었다.

나의 짧은 글이 마을의 소중한 역사와 문화를 보존하는 데 조금이나마 기여할 수 있기를 바란다. 농촌의 가치를 재조명하고, 지속 가능한 발전에도 작은 밑거름이 되길 바란다.

백숙아

아주 어린 날에 나는 겁보였다. 그런데 언제부터인가 베짱이 제법 두둑해졌다. 많은 사람을 만나면서 자신감이 생긴 것이다. 마을을 돌아다니며 어르신들의 진솔한 삶을 접하면서 생각이 더 커졌다. 늘 순수한 마음으로 터전을 지키는 그들의 모습에 감동한다. 나도 내려놓을 수 있는 사람인지 자성의 시간도 갖게 된다.

내가 살고 있는 이곳, 광양의 모든 사람살이가 진흙 속의 보석보다 눈부시다.

양선례

내가 태어나고 자라서 학창 시절의 대부분을 보냈고, 직장 생활도 18년이나 한 곳이지만 여전히 광양은 모르는 것투성이다. 광양문화 연구회 회원으로 그동안 스치기만 했던 옥룡면의 속살을 알게 되어 기쁘다.

아름다운 자연과 그 안에서 구수한 사투리로 정답게 살아가는 어르신을 만날 수 있어서 즐겁게 취재하였다. 오래된 것, 사라지는 것의 가치를 새롭게 느끼는 시간이었다.

'알면 이해하게 되고, 이해하면 되면 사랑하게 된다.'고 하였다. 백운산과 동곡 계곡, 도선국사와 신재 최산두의 얼이 살아 숨 쉬는 옥룡면 이곳저곳이 한 뼘쯤 가깝게 다가온다.

이회경

오늘 우리가 놓은 이 작은 조약돌이 과거와 미래를 잇는 징검다리의 초석이 되길 바랍니다.